AF278058

Roma

ANAYA
TOURING

Autor: **Silvia del Pozo.**
Actualización: **Elisa Blanco.**

Responsable de proyecto: **David Lozano.**
Edición: **Elisa Blanco.**
Cartografía: **Lola García.**
Producción: **Juan José Rodriguez, Olga Hernando**
y **Antonio Mellado.**
Diseño de la coleccción: **marivies.**

Procedencia de las fotografías:
123RF: 38, 52, 56, 76, 116b, 117. **Age:** 26-27, 31, 98b, 123. **Corbis:** 14, 21, 39a, 42-43. **Dreamstime:** 47. **Fotolia:** 41b, 60b, 71ab, 102, 124. **Deposithphoto:** 48a, 50, 50-51, 53, 55, 58, 59, 78, 85, 86. **IStockphoto:** Cubierta (2), 6, 8, 9, 10, 11, 12, 13, 16, 18-19, 20, 22ab, 22-23, 25, 27ab, 32, 33, 34, 36, 41ac, 48b, 50, 60acd, 62, 63, 64-65, 66, 68, 70, 73, 77, 83, 84, 98a, 99, 100, 101, 103ab, 107, 108, 109, 113, 114, 116a,121, 122, 130. **Leiva, Á. de/Anaya:** 2, 29ab, 81. **Martín, J./Anaya:** 30, 37, 39b, 46. **Redondo, M./Anaya:** 29b. **Ruiz Pastor, L./Anaya:** 51, 95,115. **Shutterstock:** 72, 75.

9ª edición, 2024

© Grupo Anaya, S. A., 2024
   Valentín Beato, 21. 28037, Madrid
   www.guiasdeviajeanaya.es

Depósito legal: M-35.206-2023
ISBN: 978-84-9158-743-9
Impreso en España-Printed in Spain

PAPEL DE FIBRA
CERTIFICADO

La información contenida en esta guía ha sido cuidadosamente comprobada antes de su publicación. No obstante, dada la naturaleza variable de los datos, recomendamos su verificación antes de salir.

Contenido

Cómo usar esta guía

Esta **Guiarama** de **Roma** se divide en cinco secciones que abarcan los aspectos más importantes de su visita a Roma.

Una mirada a Roma, páginas 6-15

Presentación
Roma en cifras
La esencia de Roma
Breve historia de Roma
Personajes famosos
Parques y jardines

Diez lugares inolvidables, páginas 16-33

La elección de la autora de los diez lugares más atractivos, todos con información práctica.

Lo que hay que ver, páginas 34-103

Se divide Roma en su centro histórico, los barrios fuera del centro y sus alrededores. Cada zona cuenta con una introducción y facilita el recorrido con subvisiones y un listado de los lugares más interesantes siguiendo un criterio basado en la situación geográfica.

Información práctica
Breves notas "¿Sabía usted que…?"
4 paseos a pie
1 excursiones en coche
2 cuadros de temas específicos

Dónde…, páginas 104-123

Información detallada sobre restaurantes, alojamiento, compras, niños y ocio.
Información práctica, con generalidades para viajar a Roma, páginas 124-129
Toda la información necesaria para el viajero presentada de forma visual.

Mapa y plano

Todas las referencias lo son al plano de Roma que se encuentra al final de la guía desde la página 131 a la 144. Por ejemplo, el Coliseo está acompañado por la referencia ⏱ 12 (A2), que indica la página del plano (12) y las coordenadas (A2) donde se halla situado el monumento.

Precios

El precio aproximado de los establecimientos se indicará mediante los signos:

C caro, **M** moderado y **E** económico.

Clasificación por estrellas

La mayoría de los lugares descritos en el libro se han clasificado por su grado de interés como sigue:

✱✱✱	Visita obligada
✱✱	Muy interesante
✱	Interesante

SÍMBOLOS UTILIZADOS

A lo largo de la guía se han utilizado símbolos sencillos y claros para indicar las siguientes categorías:

🕐	referencia a los planos del final de la guía
✉	dirección o localización
☎	número de teléfono
🕐	horario
🍴	restaurante o café
Ⓜ	estación de metro más cercana
🚍	rutas de autobús o tranvía
🚆	estación de tren más cercana
🌐	página web
ℹ	información turística
♿	personas con discapacidad
🎫	entrada
✛	otros lugares de interés
❗	más información práctica
▶	referencia a la página con información más detallada

Una **mirada** a **Roma**

Presentación

▲ Roma iluminada con el Vaticano al fondo.

Paseando por cualquier callejuela se puede tropezar con iglesias de casi todas las épocas o restos romanos adosados a viviendas normales. Vivir en Roma es como vivir dentro de un museo y es tanto lo que puede ofrecer que una de las frases que mejor definen a la ciudad es el título del libro de Silvio Negro: "*Roma non basta una vita*"; toda una vida no basta para conocer esta ciudad. Los romanos parecen mostrar cierta indiferencia hacia esos monumentos que atraen a millones de turistas. Suelen ser bastante críticos con el funcionamiento de los servicios públicos o la burocracia de las instituciones, pero en el fondo están muy orgullosos de su ciudad y suelen justificarlo todo diciendo: "*ma Roma è bella*" (pero Roma es bella).

Otra nota característica de Roma es su caos circulatorio. A pesar de las restricciones para acceder al centro de la ciudad, el tráfico es denso a cualquier hora y además no existen grandes avenidas. Realmente resulta difícil moverse en coche, por lo que muchos romanos optan por la moto para sus desplazamientos. La forma de conducir suele sorprender a los foráneos, pues las normas de circulación las interpretan a su manera. Cruzar las calles puede resultar complicado ya que no es frecuente que los vehículos se detengan en los pasos de peatones.

La mejor manera de conocer la ciudad sería paseando y olvidándose de estrictas programaciones que puedan convertir la visita en un maratón. No está de más poner un paraguas en la maleta, pues las lluvias pueden sorprender en cualquier época del año. También hay que dejar tiempo para disfrutar de su gastronomía y de sus famosos helados. Roma es inabarcable; es mejor disfrutarla poco a poco y dejar algunas cosas para otra ocasión. A fin de cuentas, casi ningún visitante se resiste a lanzar una moneda en la Fontana di Trevi con el deseo de regresar.

Roma en cifras

Roma fue fundada hace más de 2.700 años (753 a.C.) y por lo tanto, de una de las ciudades más antiguas del mundo. Asentada al este del río Tíber, sobre siete colinas (Aventino, Palatino, Esquilino, Viminal, Quirinal, Celio y Capitolio), se extiende en la actualidad sobre unos 1.285 km². A lo largo de la historia su población ha sufrido grandes variaciones: en el siglo II era de más de 1 millón de habitantes y se redujo a pocos miles durante la Edad Media; cuando se convirtió en capital del Reino de Italia (1871) era de unos 200.000 individuos y hoy viven en Roma algo menos de 2,7 millones de habitantes (más del 12,9 por ciento son extranjeros). Sus dos aeropuertos internacionales (Fiumicino y Ciampino) los utilizan cada año más de 38 millones de pasajeros. Roma ofrece alrededor de 100.000 camas de alojamiento entre hoteles, *bed & breakfast* y otros servicios.

Roma es una ciudad segura si se la compara con otras grandes capitales. Pero conviene ir con cuidado para evitar tirones de bolsos, o robos de carteras y equipajes en el transporte público o lugares concurridos como la estación Termini.

El centro histórico de Roma, junto el Vaticano, fueron declarados Patrimonio de la Humanidad en 1980 por la Unesco. Roma es el centro de la cristiandad, por lo que no hay que maravillarse de la presencia de alrededor de 250 iglesias y varios centenares más de iglesias modernas. Pero no deja de ser una capital cosmopolita y heterogénea por lo que, entre sus edificios religiosos, también cuenta con una importante sinagoga y una gran mezquita.

Clima

Roma goza de un típico clima mediterráneo que permite la visita en cualquier época del año, aunque los mejores meses son abril, mayo, junio, septiembre y octubre. Julio suele ser el mes más caluroso, mientras que en agosto la ciudad se vacía por las vacaciones de los residentes locales y muchos negocios cierran. Los inviernos son lluviosos pero no muy fríos, con temperaturas que raramente se sitúan bajo cero. El verano es caluroso con temperaturas que pueden superar los 35°C. Primavera y otoño son las estaciones más lluviosas con temperaturas intermedias. La atmósfera de la ciudad es limpia a pesar del tráfico, gracias a la presencia de vientos de intensidad moderada; en verano se puede disfrutar de una brisa llamada *ponentino*, que contribuye a refrescar el ambiente.

▼ Charco de lluvia en la plaza Navona.

La **esencia** de **Roma**

Roma, la milenaria ciudad surgida a orillas del Tíber, es una ciudad caótica, invadida por los coches que crean un tráfico denso y continuo y que dificulta tanto la vida de los residentes como la visita de los turistas. Las motos son el medio de transporte más amado por los romanos, pues es el único que garantiza cierta libertad de movimiento; pero los motoristas penetran por doquier y no suelen respetar n a los peatones ni las reglas de circulación. A pesar de los inconve nientes, es una ciudad espléndida, llena de contrastes y fascinant que sorprende ofreciendo lugares donde relajarse y apreciar su ve dadera naturaleza plácida e indolente. Paseando por alguno de su parques, por una zona peatonal o perdiéndose en las callejuelas del Rione Trastevere o alrededor de Via Giulia, el ambiente es mucho más tranquillo. Se puede caminar con más calma y gozar de la belleza arquitectónica del entorno de esta ciudad, de las superposiciones donde los siglos de historia se pueden amontonar en una pe- queña iglesia o en una vivienda común.

No hay que perderse...

Si no se dispone de mucho tiempo para visitar Roma, a continuación indicamos lo que no debe perderse para conocer lo esencial:

❚ **Un paseo por el centro histórico** para ver todos esos lugares retratados miles de veces en libros, postales, documentales y películas.

❚ **El Coliseo.** El monumento más grande y símbolo de la Ciudad Eterna.

❚ **El Vaticano** y las obras de Rafael en las habitaciones papales, y de Miguel Ángel en la Capilla Sixtina.

❚ **La Fontana di Trevi.** Imprescindible tirar una moneda para regresar a la ciudad, además es una buena acción, ya que se destinan a Cáritas y otras organizaciones.

▼ Calle de Roma que desemboca en el Vaticano.

❚ **El Foro Romano.** Pasear a lo largo de la Vía Sacra por donde se hacían los desfiles triunfales en la Antigua Roma de Julio César.

❚ **Terrazas en Piazza Navona** o Campo de' Fiori o junto al Panteón, para sentarse a contemplar la actividad romana como un espectador más.

❚ **Interior de San Pedro.** Comprobar desde el interior sus grandiosas dimensiones, donde entraría cualquier gran catedral conocida. En el centro de la nave se indican las medidas de algunas de las más famosas.

❚ **Un paseo nocturno** para ver los principales monumentos de la ciudad iluminados.

❚ **Contemplar la ciudad desde lo alto.** Subir a alguno de los miradores para obtener una vista general de la ciudad.

❚ **La Bocca della Verità.** Acudir a Santa Maria in Cosmedin para cumplir con la tradición de meter la mano en la boca que muerde a los mentirosos.

❚ **Trastevere.** Comer en alguno de los múltiples restaurantes de uno de los barrios más populares de Roma.

◄ Detalle de la Fontana di Trevi.

Breve historia de Roma

▲ El Coliseo y la colina
del Palatino

753 a.C. Según cuenta la leyenda, Roma fue fundada por Rómulo el 21 de abril.

509 a.C. Lucio Junio Bruto expulsa al último rey, Tarquinio el Soberbio, instaura la República y es elegido primer cónsul de Roma.

390 a.C. Roma es saqueada por primera vez en su historia por los galos al mando de Brenno.

312 a.C. Comienza la construcción de la más antigua vía romana, la Via Appia, y del primer acueducto, el Aqua Appia.

146 a.C. Roma acaba con Cartago. Escipión Emiliano destruye la ciudad. Se inicia la conquista romana de África.

49-44 a.C. Guerra civil con victoria de Julio César que es nombrado dictador de por vida. Los conjurados Bruto y Casio asesinan a Julio César.

43 a.C. Marco Antonio, Lépido y Octavio forman el Segundo Triunvirato.

27 a.C.-14 Octavio Augusto, primer emperador de Roma.

43 El emperador Claudio conquista la Britannia.

64 Siendo Nerón emperador, un incendio destruye casi toda la ciudad.

67 San Pedro es crucificado y San Pablo ejecutado en las persecuciones contra los cristianos.

72 Vespasiano empieza la construcción del Coliseo.

270 El emperador Aureliano construye las Mura Aureliane como defensa.

312 Constantino gana la batalla del Ponte Milvio. El año siguiente, con el edicto de Milán otorga la libertad de culto legalizando el cristianismo.

380 El emperador Teodosio convierte el cristianismo en la única religión del Imperio Romano.

410 Los visigodos saquean la ciudad.

455 Roma es saqueada por los vándalos.

476 Fin del Imperio Romano de Occidente.

535-553 La guerra greco gótica prácticamente destruye la ciudad de Roma.

800 Carlomagno es coronado emperador por el papa León III en Basílica de San Pedro.

846 Saqueo de Roma por los sarracenos. León IV manda construir las Mura Vaticane (847).

961 Con Otón I nace el Sacro Imperio Romano Germánico.

1084 Roma es devastada por los normandos.

1300 Primer Año Santo proclamado por el papa Bonifacio VIII.

1309-1377 La sede papal se traslada de Roma a Aviñón.

1347 Cola di Rienzo intenta restablecer la República.

1506 El papa Julio II ordena la construcción de la nueva basílica de San Pedro.

1626 El papa Urbano VIII consagra la nueva basílica de San Pedro.

1798-1799 Napoleón invade Roma y proclama la I República Romana. En 1849 Garibaldi y Mazzini proclaman la II República Romana, derrocada por los franceses.

1861 Nace el Reino de Italia. Victor Manuel II, primer rey.

1871 Roma es declarada capital del Reino de Italia.

1922 Mussolini toma el poder tras la *marcia su Roma* del 28 de octubre.

1929 Mussolini y el Papa Pio XI firman los *Patti Lateranensi*, que crean el Estado de la Ciudad del Vaticano.

1940 Mussolini declara a entrada de Italia en la Segunda Guerra Mundial.

1944 En junio las fuerzas aliadas liberan Roma de las tropas alemanas.

▌ Roma tras la II Guerra Mundial

1946. Con el referéndum popular del 2 de junio nace la República Italiana

1957. Con la firma de los Tratados de Roma surge la Comunidad Económica Europea.

1960. Se celebran los XVII Juegos Olímpicos.

1981. Ali Agca atenta contra Juan Pablo II.

2000. Se celebra el último Jubileo.

2005. Benedicto XVI se convierte en papa tras la muerte de Juan Pablo II.

2007. El Coliseo es considerado una de las siete maravillas del mundo moderno.

2013. Francisco I sucede a Benedicto XVI como papa.

2017. El 60 aniversario del tratado constitutivo de la UE. Se firma la "Declaración de Roma".

2021. Roma celebra150 años como capital de Italia.

2022. El papa emérito Benedicto XVI fallece.

2023. Italia y El Vaticano comienzan a preparar el Jubileo de la Esperanza 2025 que incluye 1.800 millones de euros en obras para mejorar la imagen de Roma.

▼ La loba Capitolina, símbloto de la ciudad.

Personajes famosos

El cine

En la periferia sur de Roma se hallan los estudios Cinecittà, donde se rodaron clásicos del neorrealismo italiano como *Roma ciudad abierta* de Roberto Rosellini o *Ladrón de bicicletas* de Vittorio De Sica. También se filmaron grandes superproducciones como *Ben-Hur*, *Espartaco* y *Cleopatra*. En 2014 se convirtieron en el complejo turístico *Cine-Città World*.

Puede que el director más representativo del cine romano sea Federico Fellini y sobre todo su película *La Dolce Vita* (1960), cuya escena del baño en la Fontana de Trevi ha quedado asociada para siempre a la ciudad.

▲ Federico Fellini, uno de los directores que mejor ha retratado Roma.

Cayo Julio César

Nacido en Roma el año 100 a.C. en el seno de una familia patricia, gracias a sus excepcionales dotes políticas y a su genio militar, se ha convertido en el romano más famoso de la antigüedad. Inició su carrera política muy joven y se ganó el apoyo incondicional del pueblo romano y de sus legiones gracias a sus numerosas victorias y las reformas que acometió. Tras derrotar a Pompeyo en la guerra civil, se hizo con el poder absoluto proclamándose dictador vitalicio, lo que supuso el fin de la República Romana. Fue asesinado en el año 44 a.C.

Cola di Rienzo

Nicola Gabrini, llamado Cola di Rienzo, nace en Roma en 1313. Político de origen humilde y gran orador, acudió a Aviñón para convencer al Papa Clemente VI de regresar a Roma, donde se sucedían las luchas entre las familias nobles. De regreso a la ciudad, sublevó al pueblo haciéndose nombrar tribuno e instaurando un gobierno basado en la República romana con el consentimiento papal. Clemente VI lo excomulgó al ver peligrar su propio poder por lo que Cola huyó, aunque fue encarcelado. Inocencio VI le devolvió la libertad y regresó a Roma. Fue nombrado senador, pero su gobierno despótico, provocó un levantamiento popular instigado por la familia Colonna. Fue ejecutado en 1354.

Alberto Sordi

Actor, director, guionista, cantante y doblador nacido en Roma en 1920, en el popular barrio de Trastevere. Es uno de los grandes artistas de la comedia italiana y el principal representante de la *romanità*. Su filmografía cuenta con más de 190 títulos. Albertone, como era popularmente conocido, recreó el prototipo del italiano medio. Murió en Roma en 2003.

Alberto Moravia

Uno de los más famosos narradores italianos del siglo XX, nació en Roma en 1907 y murió en la misma ciudad en 1990. Una larga enfermedad le obligó a pasar parte de su adolescencia en cama, tiempo que pasó leyendo y escribiendo. En 1929 publicó su primera novela, *Los indiferentes*. La sátira antifascista *La mascarada* le obligó a huir de Roma hasta 1941. Alternó su faceta de escritor con la colaboración en diversos periódicos. Entre sus novelas están: *La romana*, *La Ciociara*, *Nuevos cuentos romanos* o *La Noia*.

Parques y jardines

Roma es una ciudad de contrastes y a dos pasos de obras o atascos, se hallan remansos de paz en pequeñas plazas o en alguna de sus múltiples zonas verdes.

Parques y jardines

Alrededor del 68% de su territorio está cubierto de parques y jardines. Muchos pertenecieron a las villas de las familias más ricas. Cuando se convirtió en capital fueron adquiridas por el Estado italiano y pasaron a ser patrimonio del Ayuntamiento.

La más céntrica es Villa Borghese; en su interior hay un teatro, algunos museos, el zoo, un estanque con barcas, fuentes, cafés y un restaurante en la Casina Valadier. Junto a esta villa, sobre la Piazza del Popolo, están los jardines del Pincio con inolvidables vistas. Otros parques del centro son: Villa Celimontana; el Parco Savello, conocido como Giardino degli Aranci, con una de las mejores vistas desde el Aventino; la Passeggiata del Gianicolo con otro espléndido mirador, flanqueada por las estatuas de los héroes que defendieron la II República Romana; Villa Sciarra, al otro lado del *Tevere*, con gran variedad botánica; en el interior del Parque del Colle Oppio están los restos arqueológicos de la Domus Aurea de Nerón y de las Termas de Trajano; Villa Torlonia, con jardines ingleses, fue residencia de Mussolini y alberga un par de museos. Algo más alejado del centro se halla el parque más grande de la ciudad, Villa Doria-Pamhilj. Otro gran parque es Villa Ada Savoia, residencia de la casa real Saboya hasta 1946.

Animales y plantas

Por toda la ciudad abundan los plataneros y en los parques se encuentran muchas otras variedades de árboles como chopos, abetos, cedros, robles, palmeras o naranjos, muchas de estas especies no son autóctonas. Una especie romana es el pino piñonero, llamado pino romano (*Pinus pinea*).

En cuanto a la fauna, en los espacios verdes hay una gran variedad de aves como gorriones, palomas, cernícalos, mirlos o cornejas, también pequeños roedores, anfibios o reptiles como lagartijas; es frecuente ver gaviotas que llegan desde la costa hasta los mercados al aire libre. Los gatos callejeros de Roma son una institución, de fieros tienen poco y se les ve ronroneando entre las ruinas o sobre los coches. Un lugar donde encontrarlos es en la Piazza Augusto Imperatore.

▲ El perfil de la ciudad está lleno de pinos romanos.

Parques fuera de la ciudad

Fuera del área urbana se pueden visitar algunos grandes espacios verdes como las Reservas Naturales de la Marcigliana, al noreste, y de la Decima-Malefade, en la zona sur de Roma (www.romanatura.roma.it). Otro espacio interesante es el Parco Regionale di Veio, al noroeste (parcodiveio.it).

Barrios

Roma está dividida en barrios, *Quartieri*, pero tiene la particularidad de que su centro histórico está dividido a su vez en 22 partes más pequeñas llamadas *Rioni*. El término deriva de la antigua denominación latina *regio* (región) y fue el emperador Augusto el que dividió la ciudad así.

Lugares inolvidables

10

El Coliseo *(Colosseo)*

1

El Anfiteatro Flavio es el monumento más grande de la antigua Roma y símbolo de la ciudad. El nombre de Coliseo se debe a una estatua colosal de Nerón situada junto al anfiteatro.

El emperador Vespasiano, en el 72 d.C., decidió construir un gran anfiteatro sobre el lago artificial del palacio de Nerón. Fue inaugurado por su hijo Tito (80 d.C.), con unos juegos que duraron 100 días y en los que se mataron 5.000 animales. Los espectáculos, gratuitos para todos los romanos, eran lucha, caza de fieras y combates de gladiadores.

La fachada externa es de mármol travertino y tiene una altura de casi 50 m. La cávea podía contener entre 40.000 y 70.000 espectadores divididos por clases sociales. El podio central era destinado al emperador, las clases altas ocupaban los puestos más cercanos a la arena y las gradas del último nivel eran para la plebe. Bajo la arena existían numerosos

Info

- 🕐 12 (A2)
- ✉ Piazza del Colosseo, 1
- 🕐 9 h -19:15 h: desde el 26 de mar al 31 de ago;de 9 h a 19 h: sept; de 9 h a 18:30 h: del 1 al 30 de oct; de 9 h a 16:30 h: del 31 de oct al 31 de dic. Última entrada una hora antes del cierre.
- 🎫 Billete conjunto para Coliseo, Palatino y Foro. Entrada gratuita: primer D de mes.
- 💻 colosseo.it/es
- 🚌 51, 75, 81, 85, 87, 118
- 🚇 Colosseo
- ♿ Regulares
- ❗ Es recomendable comprar las entradas online para asegurarse poder entrar, especialmente en lugares tan turísticos como este. Esta recomendación se puede aplicar al resto de la guía.

▶ Vista exterior del Coliseo al atardecer.

pasillos subterráneos para las jaulas de animales y los atrezos que aparecían en la arena por un complejo sistema de montacargas. La galería central subterránea servía para el paso de los gladiadores.

Se celebraron juegos hasta el año 523 y después el edificio quedó en el abandono. Durante la Edad Media fue utilizado como fortaleza. Después, dañado por los terremotos, pasó a ser cantera de materiales para la construcción de palacios e iglesias, entre ellos la basílica de San Pedro. El papa Sixto V proyectó su demolición, pero sus sucesores lo convirtieron en un monumento sagrado por tratarse del lugar de martirio de los primeros cristianos. Aunque este hecho nunca se ha demostrado, en 1750 el papa Benedicto XIV consagró el anfiteatro a la Pasión de Jesús, señalando las 14 estaciones del Via Crucis y poniendo fin a siglos de expolio.

En el siglo XIX empezaron los trabajos de restauración que han perdurado hasta hoy.

El Panteón

Es uno de los monumentos de la antigua Roma más célebres por su excelente estado de conservación y su impresionante cúpula que constituye todo un prodigio de ingeniería.

Info

- 🕐 5 (C1)
- ✉ Piazza della Rotonda
- 📞 direzionemuseistataliroma. beniculturali.it/istituti/ pantheon ⏰ 9-19 h.
- 🚌 30, 40, 46, 62, 64, 70, 190, 492, 916 y tranvía 8
- 🎫 Se puede comprar allí y también online: www. museiitaliani.it
- ♿ Buenos

▶ La impresionante cúpula del Panteón.

▼ Exterior del Panteón.

El Panteón era un templo romano dedicado a todos los dioses, construido por el emperador Adriano (118 -125 d.C.), sobre uno anterior levantado por orden de Agrippa en el 27 a.C. Del primero se conservó la inscripción del frontón, lo que produjo errores en su datación. Su excelente estado de conservación se debe a que fue el primer templo pagano convertido en iglesia. En el 608 el emperador bizantino Foca lo regaló al papa Bonifacio IV, que lo dedicó a Santa María y los Mártires.

La primera expoliación fue obra de otro emperador bizantino, Constante II, que en el 663 arrancó la cubierta de bronce dorado del techo para utilizarla en la decoración de Constantinopla. El techo fue reconstruido tiempo después en plomo por el papa Gregorio III (735). En 1625, por orden del papa Urbano VIII, fue despojado del revestimiento en bronce del pórtico, que fue utilizado en la construcción del baldaquino de Bernini en San Pedro y en varios cañones para el Castillo Sant'Angelo. A consecuencia de este expolio del papa Barberini nació el dicho: "Lo que no hicieron los bárbaros, lo hicieron los Barberini" *("Quod non fecerunt barbari, fecerunt Barberini")*. Este papa también hizo añadir dos campanarios, realizados por Bernini, que fueron popularmente llamados las "orejas del asno", que se eliminaron a finales del siglo XIX.

La cúpula del Panteón tiene un diámetro de 43,3 m, que es la altura del edificio. La abertura superior *(oculus)* proporciona la iluminación interior y por ella entra la lluvia. El suelo del templo se construyó con una inclinación para permitir el desagüe por orificios que recorren su perímetro y los puntos del centro.

El pavimento, realizado en mármol de colores con decoración geométrica, es en parte el original. La cúpula se realizó volcando hormigón en un molde de madera y para disminuir su peso se utilizó piedra pómez en su composición. También se aligeró el peso con la decoración a casetones y reduciendo paulatinamente su espesor (en la parte baja es de 6 m y en la parte superior 1,5 m).

En el interior del Panteón están enterradas personalidades ilustres como el pintor renacentista Rafael, el rey Víctor Manuel II, su hijo Humberto I y su esposa Margarita de Saboya.

Piazza Navona

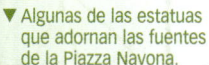

3

Esta espectacular plaza barroca es la más bonita y famosa de la ciudad. Fue construida por deseo del papa Inocencio X, miembro de la familia Pamphilj, cuyo imponente palacio se alza al sur.

La plaza debe su forma a que fue realizada sobre el antiguo estadio romano del emperador Domiciano, del que aun se pueden ver restos bajo el edificio de la contigua Piazza Tor Sanguigna. El estadio fue construido alrededor del 86 d.C., tenía una longitud de 275 m y capacidad para 30.000 espectadores. Los edificios de la plaza están situados en el lugar que ocupaban las gradas. Allí se desarrollaban los juegos atléticos denominados *agone*, y se cree que la palabra Navona es una degeneración de esta palabra.

En el centro se alza la gran **Fontana dei Quattro Fiumi** (de los Cuatro Ríos). Realizada por Bernini en 1651, fue financiada mediante un impopular impuesto sobre el pan. Los cuatro gigantes que la compo-

▼ Algunas de las estatuas que adornan las fuentes de la Piazza Navona.

nen representan los grandes ríos de cada continente: Ganges, Danubio, Nilo y de la Plata. La figura que representa el Nilo aparece con la cabeza cubierta por un velo porque se desconocía dónde nacía este río, pero la tradición popular cuenta que Bernini lo hizo para mostrar su desprecio por la fachada de la contigua iglesia de Sant'Agnese in Agone, obra de su rival Borromini, aunque en realidad la iglesia es posterior a la realización de la fuente.

El gran obelisco que la corona es una copia romana que se encontraba en el circo de Majencio. Las otras dos fuentes, la **Fontana di Nettuno** y la **Fontana del Moro** fueron realizadas un siglo antes por Giacomo Della Porta. La estatua central del Moro también es obra de Bernini.

En ambas se añadieron otros elementos escultóricos durante el siglo XIX. Actualmente es un punto de reunión donde se encuentran vendedores ambulantes y artistas callejeros, además de las populares terrazas de bares y restaurantes.

Info

⊙ 4 (C2)
✉ Piazza Navona
🚌 40, 46, 62, 64 a Corso Vittorio Emanuele II; 30, 70, 81, 87, 130, 492, 628 a Corso Rinascimento

▼ Artistas vendiendo sus obras en la Piazza Navona.

El Foro Romano

Era el centro político, económico, social y religioso de la antigua Roma. Aquí se concentraban los principales templos, tribunales y edificios públicos de la ciudad.

Info

- 🕐 12 (A1)
- ✉ Via dei Fori Imperiali
- 🕐 9 h -19:15 h: desde el 26 de mar al 31 de ago;de 9 h a 19 h: sept; de 9 h a 18:30 h: del 1 al 30 de oct; de 9 h a 16:30 h: del 31 de oct al 31 de dic. Última entrada una hora antes del cierre.
- ✉ Billete conjunto para Coliseo, Palatino y Foro Colosseo y Circo Massimo. Entrada gratuita: primer D de mes.
- 🔗 colosseo.it/es
- 🚌 51, 75, 81, 85, 87, 118
- ♿ Regulares
- ❗ Es recomendable comprar las entradas online para asegurarse poder entrar.

El Foro está entre las colinas Capitolio y Palatino, en un terreno pantanoso drenado en tiempos de Tarquinio Prisco (finales siglo VII a. C) con la construcción de la Cloaca Máxima. Durante siglos fue el centro de la vida pública de Roma y creció con nuevas construcciones hasta los últimos años de la República. En tiempos de Julio César se inició la construcción de los Foros Imperiales, que pasaron a ser el nuevo centro neurálgico de la ciudad. Los emperadores continuaron edificando en el Foro original, pero solo monumentos representativos como los **templos de Vespasiano y Tito** o **de Antonino Pío y Faustina,** dedicados a emperadores divinizados, o el **arco de Septimio Severo** (203 d.C.) tras la victoria sobre los partos. La última gran construcción del foro fue la **basílica de Majencio** (308 d.C.). Cuando se erigió la **columna al emperador Foca** (604), por regalar el Panteón al papa, el Foro estaba en proceso de abandono y algunos monumentos se transformaron en iglesias. Durante el Renacimiento se convirtió en una gran cantera de materiales.

La visita al Foro comienza junto al Coliseo por la **Vía Sacra**, atravesando el **arco de Tito** que celebra la victoria en Jerusalén (81 d.C.), pero desde el Campidoglio se obtiene una vista que permite ubicar mejor los edificios. En primer plano está el **arco de Septimio Severo**, a su derecha el **templo de Júpiter** y continuando por la Via Sacra se ven los restos que se conservan de la **Rostra**, la plataforma utilizada por los oradores para dar sus discursos. El edificio a la izquierda es la **Curia**, el lugar donde se reunía el Senado romano; su aspecto actual es fruto de una reconstrucción. Frente a la Curia están las ruinas de la **basílica Julia** y junto a esta las tres altas columnas corintias del **templo de Cástor y Pólux**.

El templo contiguo está dedicado a César y aun hoy se depositan flores en el lugar donde se supone que fue incinerado. El pequeño **templo** circular a la derecha es el **de Vesta**, donde las Vírgenes Vestales guardaban el fuego sagrado y el edificio adyacente es la **casa las Vestales**. Los inmensos arcos del lado opuesto pertenecen a la **basílica de Majencio** y dan una idea de las dimensiones que tuvo el edificio.

▲ El arco de Séptimo Severo y el templo de Saturno.

Castel Sant'Angelo

Este antiguo monumento ha sido a lo largo de los siglos: mausoleo, parte de la muralla de la ciudad, prisión, residencia de los papas y museo.

5

El edificio original fue construido por el emperador Adriano (123-139 d.C.) como sepultura para él y los miembros de la familia imperial. Los restos romanos son visibles, como el muro inferior del edificio que pertenece al antiguo mausoleo, así como la rampa en espiral que llevaba hasta la cámara mortuoria.

El emperador Aureliano comenzó a utilizar el edificio como fortaleza al incluirlo en las murallas defensivas en el 271, y Teodorico lo usó como cárcel sin dejar de ser fortaleza. Jugó un importante papel en la guerra greco-gótica (535-553), permitiendo a las tropas bizantinas conservar el control de la ciudad. Según la leyenda, en el 590 la peste asolaba la ciudad y el papa Gregorio Magno organizó una procesión. Cuando esta pasó ante el Mausoleo, se vio la figura del arcángel Miguel y ese día cesó la peste. Por este hecho el mausoleo recibió el nombre de castillo Sant'Angelo y desde el siglo XI ha estado coronado por varias estatuas de un ángel; el actual bronce es obra de Verschaffelten (1752).

Su relación con el papado se inició en el siglo XIII, cuando Nicolás III trasladó su residencia del Laterano a los palacios Vaticanos y ordenó la construcción del pasaje que los une con el castillo (*Passetto di Borgo*). Este pasaje fue utilizado por varios papas para refugiarse en el castillo ante algún ataque, como Alejandro VI (1494) o Clemente VII en su huida de las tropas de Carlos V durante el *Sacco di Roma* (1527). Convertido en residencia papal, entre los siglos XV y XVI sufrió continuas modificaciones. Antonio Sangallo completó su fortificación con más murallas y torreones. Alejandro VI mandó construir la escalera interior que atraviesa el edificio. Giuliano Sangallo realizó la **galería de Julio II** (1505). Miguel Ángel diseñó el patio interior (1514). Pablo III encargó las suntuosas **salas de Paolina y de Apolo** (1547), con frescos de Perin del Vaga, y también la **biblioteca**.

La visita a este edificio, convertido en *Museo Nazionale* en 1925, es un paseo a lo largo de su historia y cuenta con varias rutas temáticas.

Durante los meses de julio y agosto, por la noche se ofrecen diversos espectáculos culturales, teatrales, artísticos, musicales y exposiciones. El último acto de la ópera *Tosca* de Puccini se desarrolla en Castel Sant'Angelo.

▲ El castillo iluminado.

Info

- 3 (B2)
- Lungotevere Castello, 50
- www.castelsantangelo.com
- M-D. 9-19.30 h. La taquilla cierra a las 18.30 h.
- Gratuito primer D de mes.
- 23, 34, 40, 46, 49, 62, 64
- Regulares

San Juan de Letrán
(San Giovanni in Laterano)

6

Esta archibasílica es la catedral de Roma y el obispo de la diócesis es el papa. Es la más importante de las basílicas mayores y la más antigua de la ciudad.

Info

- 🕐 13 (B2)
- ✉ Piazza San Giovanni in Laterano, 4
- 🌐 www.vatican.va
- 🕐 7-18.30 h. Claustro y museo abren más tarde a las 9 y 10 h, respectivamente, y cierran a las 18 y 17.30 h.
- Ⓜ San Giovanni
- 🚌 16, 81, 85, 87, 117, 673, 714
- ♿ Regulares

En el año 313 d.C., el emperador Constantino donó las tierras para construir la primera basílica cristiana, que fue consagrada por el papa Silvestre I (324). A lo largo de los siglos la iglesia sufrió muchas transformaciones y fue destruida por dos incendios, pero ha conservado su forma primitiva. Francesco Borromini reestructuró el interior en estilo barroco (1646), mientras que la grandiosa fachada es obra de Alessandro Galilei (siglo XVIII). En el lado norte se añadió otra fachada, obra de Domenico Fontana (1586), desde cuya galería el papa da su bendición.

De la basílica medieval quedan restos diseminados por su interior. El **baldaquino** gótico (siglo XIV) sobre el altar papal contiene las reliquias de las cabezas de San Pedro y San Pablo. Cerca del ingreso se aprecia parte de un fresco de Giotto con el papa Bonifacio VIII. El impresionante mosaico del **ábside** probablemente conserva restos del siglo V, pero en su mayor parte ha sido reconstruido. El bellísimo **claustro**, de estilo Cosmatí con mosaicos sobre mármol (1215-1223), se

salvó milagrosamente de las llamas y aquí se conservan importantes fragmentos de a antigua basílica.

El **baptisterio** octogonal, aunque ha sido reconstruido en innumerables ocasiones, data de la época de Constantino y cuenta con interesantes mosaicos y frescos. Con motivo del Jubileo del 2000 se inauguró la Puerta Santa, obra del escultor Floriano Bodini.

Junto a la iglesia está el **Palazzo Lateranense**. Residencia de los papas hasta su exilio en Aviñón (1309), fue reconstruido en el siglo XVI después de un incendio. En la actualidad alberga el Museo Storico Vaticano. Del antiguo palacio solo quedan la **Scala Santa** y el Sancta Sanctorum, la antigua capilla privada de los papas (siglo XIII) que contenía las reliquias y que pueden visitarse en el edificio contiguo. Se dice que la escalera es aquella por la que ascendió Cristo, traída de Jerusalén por Santa Elena. Nadie puede pisar los escalones que han sido recubiertos de madera, por eso los fieles suben de rodillas.

En la Piazza se yergue el **obelisco** más antiguo y más alto (31 m) de la ciudad. Fue construido en época de los faraones Tutmés III y Tutmés IV (siglo XV a.C.). Hoy, la gran explanada junto a la basílica se ha convertido en punto de reunión para eventos multitudinarios y conciertos musicales el 1 de mayo.

◄ Detalles del interior y el exterior de la basílica.

Palazzo Barberini

7

▼ Fachada del Palazzo Barberini.

Este magnífico palacio es actualmente la sede de la Galleria Nazionale d'Arte Antica que acoge una espléndida colección de pinturas de los siglos XII al XVIII.

Cuando Urbano VIII fue elegido papa, decidió construir un palacio para él y su familia acorde con su nuevo cargo. El edificio, construido entre 1625 y 1633, fue proyectado por Carlo Maderno, pero no pudo acabarlo al fallecer en 1629. Se hizo cargo de las obras Bernini, el cual se mantuvo fiel al proyecto inicial de *palazzo-villa* con jardines y contó además con la colaboración de Borromini, sobrino de Maderno. A este último se deben los ventanales del piso superior que por un juego de perspectivas, parecen más grandes de lo que son en realidad, y la original escalera helicoidal, situada al lado opuesto de la monumental escalera de Bernini. El interior está suntuosamente decorado, destacando especialmente el **Grande Salone,** con el inmenso fresco de Pietro da Cortona que recibe el nombre de *Triunfo de la Divina Providencia* (1633-1639). El palacio fue adquirido por el Estado italiano en 1949 y en la actualidad es la sede de la Galleria Nazionale d'Arte Antica. Tras muchas dificultades y años de restauración, se han reunido las diversas colecciones estatales expuestas actualmente y que abarcan desde el siglo XII al XVIII.

Particular interés tienen las obras pertenecientes a los siglos XVI y XVII, entre las que se pueden destacar: *La Fornarina* de Rafael, famoso retrato de la amante del pintor; *La Adoración de los Pastores* y *El Bautismo de Cristo* del Greco; *La Magdalena* de Piero di Cosimo; el *Retrato de Stefano Colonna* de Bronzino; *Venus y Adonis* de Tiziano; *Cristo y la Adúltera* de Tintoretto; *Saul contra David* de Guercino; el *Retrato de Enrique VIII de Inglaterra* de Hans Holbein; el *Retrato de Erasmo de Rotterdam* de Quentyn Metsys; *La Sagrada Familia* de Andrea del Sarto; *San Francisco, Adonis* y *Judith decapitando a Holofernes,* los tres de Caravaggio. Entre las pinturas del siglo XV cabe señalar *Virgen con el Niño* de Filippo Lippi. También pueden visitarse los apartamentos del siglo XVIII de la familia Barberini. Ricamente decorados en estilo rococó, acogen una colección de porcelanas.

La Galleria Nazionale d'Arte Antica cuenta con una segunda sede situada en Trastévere, en el Palazzo Corsini alla Lungara, conocida como **Galleria Corsini**. Destaca sobre todo en pintura flamenca e italiana de los siglos XVI y XVII.

Museos Capitolinos

La creación de estos museos se remonta a 1471, cuando el papa Sixto IV donó a la ciudad una colección de bronces entre los que se encontraba la famosa Loba Capitolina.

Los Museos Capitolinos se reparten entre los dos Palacios que flanquean la **Piazza del Campidoglio,** diseñada por Miguel Ángel a mediados del siglo XVI: el **Palazzo Nuovo** y el **Palazzo dei Conservatori**. El edificio situado al fondo, el Palazzo Senatorio, es la sede del Ayuntamiento de Roma. En el centro de la plaza se ubicó la estatua ecuestre de Marco Aurelio. Esta estatua de bronce (siglo II d.C.) permaneció allí hasta que en 1981 fue retirada para su restauración; ahora está en el interior del Palazzo Nuovo y la de la plaza es una copia.

▼ Gálata moribundo y el coloso del emperador Constantino.

Los broncos de Sixto IV constituyen el origen del museo y poco a poco se añadieron las donaciones de otros papas. En 1734, el papa Clemente XII inauguró los Museos Capitolinos y años después Benedicto XIV añadió la importante Pinacoteca Capitolina que cuenta con obras de Tintoretto, Tiziano, Veronés, Caravaggio, Rubens o Van Dyck entre otros.

Entre las obras de arte que acogen estos Museos cabe mencionar la escultura de mármol del *Gálata moribundo* y la deliciosa *Venus Capitolina*, o la escultura del *Fauno de mármol rojo* y el *Mosaico de las Palomas*, ambos procedentes de Villa Adriana (siglo II d.C.). En el patio del Palazzo dei Conservatori están los restos de la estatua del emperador Constantino, mientras que su interior acoge bronces como el de la famosa *Loba Capitolina* (probablemente siglo V a.C.).

Además los Museos Capitolinos cuentan con otra sede permanente en Ostierse desde 2005. Se localiza en la **Central Montemartini**, una antigua central termoeléctrica (▶95).

Info

- 🕐 11 (A1)
- ✉ Piazza del Campidoglio, 1
- 🌐 www.museicapitolini.org
- 🕐 9.30-19.30 h. La taquilla cierra 1 hora antes.
- 🚌 44, 63, 81, 83, 118,160, 170, 628, 715, 716 a Via del Teatro di Marcello; 57, 75, 85, 87, 118 a Via dei Fori Imperiali
- ♿ Buenos. Se facilita al máximo la accesibilidad.
- 🎟 Capitolini Card (Museos Capitolinos + Central Montemartini)

Museos Vaticanos y Capilla Sixtina

9

Los Museos Vaticanos albergan una de las colecciones de arte más importantes del mundo. En su interior se encuentra la Capilla Sixtina, con los famosos frescos de Miguel Ángel.

Info

- 🕐 2 (B2)
- ✉️ Viale Vaticano
- 🌐 www.museivaticani.va
- 🚌 32; 49 (este para frente a los museos); 81, 492, 982, 990 y tranvía 19.
- 🚇 Musei Vaticani y Cipro
- 🕐 L-S: 9-18 h (la taquilla cierra a las 16 h)
- 🚫 Cerrado los domingos excepto el último de mes, cuando la entrada es gratuita (9-14 h) (Acceso hasta las 12.30 h)
- ♿ Buenos
- ℹ️ Es recomendable comprar las entradas online para asegurarse poder entrar, especialmente en lugares tan turísticos como este.

▶ Vista de los espectaculares frescos de Miguel Ángel.

▼ Detalle de Adán y Eva.

Los edificios de los Museos Vaticanos fueron los palacios residenciales de los papas. El origen de los museos se debe al papa Julio II que transformó el patio del Palacio Belvedere en un jardín con esculturas romanas (1503), pero hasta el siglo XVIII no se expusieron al público las obras de arte acumuladas durante siglos de pontificados.

Entre las innumerables obras de arte que se pueden contemplar están: las estatuas y bustos romanos del **Museo Chiaramonti**; las colecciones de escultura clásica del **Museo Pío Clementino**, donde se encuentran el grupo del *Laocoonte* (siglo I d.C.); la colección egipcia del **Museo Gregoriano** y el **Museo Etrusco**. La **Pinacoteca** expone importantes obras del siglo XII al siglo XIX, y el **Museo de Arte Religioso Moderno** cuenta con obras de artistas contemporáneos como Braque, Klee o Picasso.

El recorrido hacia la Capilla Sixtina atraviesa la **Galería de tapices** y la **Galería de los mapas**. Al fondo están las dependencias del papa Julio II, decoradas por Rafael y sus discípulos (1508-1524). En la *Sala de La Signatura* se encuentra la obra la *Escuela de Atenas*, donde Rafael retrató a personajes de la época.

La **Capilla Sixtina** es el lugar más conocido del Vaticano, tanto por sus impresionantes frescos como por ser el lugar donde se desarrolla el cónclave para la elección del nuevo papa. Debe su nombre al papa Sixto IV, quien ordenó su construcción en 1475. Las paredes fueron decoradas con frescos sobre la vida de Jesús y de Moisés por pintores como Botticelli, Signorelli, Rosselli, Perugino o Ghirlandaio (1481-1483). Julio II encargó los frescos del techo a Miguel Ángel, que trabajó en solitario (1508-1512) para completar tan impresionante obra. Se eligieron episodios del Génesis, destacando la *Creación de Adán*. Años después (1536-1541), Miguel Ángel pintó la pared detrás del altar con el *Juicio Universal*.

Esta obra fue muy controvertida en su época por las imágenes de desnudos y en 1564 se encargó a Volterra cubrirlos. Entre 1980 y 1994 se restauró, devolviendo a la luz muchos detalles y el rico colorido de los frescos, y se eliminaron algunos de los velos que cubrían los desnudos.

San Pedro (San Pietro)

10

La basílica de San Pedro es el templo más grande e importante de la Cristiandad. Edificada sobre la tumba del Apóstol, todos los días recibe la visita de miles de peregrinos y turistas.

Info

- 3 (B1)
- www.basilicasanpietro.va
- Piazza San Pietro
- Abr-sep: 7-19.10 h; oct-mar: 7-18.30 h
- Gratuita
- Ottaviano
- 64, 34, 98 o 881 y tranvía 19 a Piazza Risorgimento.
- Buenos

El emperador Constantino ordenó construir una basílica en la colina Vaticana donde, según la tradición, fue crucificado y enterrado San Pedro y que fue terminada en el año 349. Esta basílica sufrió a lo largo de los siglos muchas transformaciones y también incendios y saqueos. El papa Nicolás V decidió restaurarla a mediados del siglo XV, pero a su muerte los trabajos se interrumpieron. Julio II optó por construir una nueva basílica y demoler la antigua. Bramante fue el encargado de los trabajos (1506), pero transcurrió más de un siglo hasta que se terminó el nuevo edificio y el proyecto inicial sufrió numerosas modificaciones. A la muerte de Bramante, el encargo pasó a Rafael y después a Antonio Sangallo. En 1546 se hizo cargo Miguel Ángel, que diseñó la impresionante cúpula de 132,5 m de altura y 42 m de diámetro. En 1602 la dirección de las obras pasó a Maderno, que realizó la fachada (1614). El último arquitecto fue Bernini, que diseñó la grandiosa plaza oval con su impresionante columnata. En el año 1626 fue finalmente consagrada por el papa Urbano VIII.

El interior, con una nave central de 187 m, tiene capacidad para unas 60.000 personas. Cuenta además con 45 altares y 11 capillas donde se reúnen innumerables obras de arte de los mejores artistas de la época. En la primera capilla a la derecha se encuentra la famosa *Pietà* de Miguel Ángel (1499), una de las pocas obras procedentes de la antigua basílica junto a la estatua en bronce de *San Pedro*, atribuida a Arnolfo di Cambio (siglo XIII). En el altar mayor se encuentra el impresionante baldaquino de bronce de Bernini (1624-1633), cuyas columnas salomónicas tienen una altura de 20 m.

El Pontífice es el único que puede celebrar misa aquí. Es posible visitar además el tesoro y la sacristía, las grutas donde están enterrados varios papas, y subir a la cúpula desde donde se disfruta de una vista de la ciudad.

▲ La Pietá de Miguel Ángel.

En el centro de la plaza, entre dos monumentales fuentes, se alza el **Obelisco Vaticano** (25,5 m), el único obelisco de la antigüedad de Roma que sigue en pie. En su parte superior se sustituyó un águila romana por el actual globo con una reliquia de la cruz de Cristo.Para acudir a las Audiencias Generales, se debe contactar con la Prefectura de la Casa Pontificia (www.vatican.va/var ous/prefettura/sp/biglietti_sp.html).

Los domingos a las 12 el papa reza el Ángelus y da la Bendición desde la ventana de la biblioteca.

Son muy estrictos con la vestimenta y no se permite la entrada con minifalda, pantalones cortos o camisetas sin mangas.

▼ Plaza de San Pedro.

Visita a **Roma**

Roma

Con más de 2.700 años de historia como la ciudad más importante del mundo antiguo y actualmente como centro de la religión católica y capital de la Italia unificada en 1870, su intensa vida es proporcional a su enorme riqueza arquitectónica y artística representada en cientos de monumentos y museos. Caminar por su centro histórico es una maravilla, aunque los alrededores, menos conocidos, no se quedan a la zaga. Su posición en la Historia Universal atrajo a los artistas más destacados del momento que dejaron en la Ciudad Eterna algunos trabajos magistrales. Además acoge las tiendas de prestigiosos diseñadores italianos y una amplia oferta gastronómica. Roma irradia tanta belleza que la reincidencia no es un pecado, sino una gozada para el viajero.

▌La ciudad de Roma

Los principales museos y monumentos de Roma están en su centro histórico, pero en los últimos años se ha desarrollando una importante actividad cultural a su alrededor. El norte, el sur, el este y el oeste de Roma ofrecen atractivos para los interesados en el arte moderno y contemporáneo. Esto se traduce en la existencia de museos que harán las delicias de los que quieran salir del turismo masificado. En cuanto a los alrededores están bien comunicados mediante autobús, metro o tranvía. Se visite lo que se visite, es aconsejable madrugar para aprovechar la estancia e intentar evitar colas.

S i nos situamos en **Roma Centro**, hay que tener en cuenta que desde la Edad Media la palabra *rione* o *rioni* en plural, ha sido usada para designar sus distintos distritos y desde la década de 1920, la ciudad consta de veintidós *rioni*. Históricamente el núcleo del centro histórico está en la zona que delimitan **Piazza Navona**, **Campo de Fiori**, **Panteón** y **Via Giulia**. Si se avanza hacia el este aparece el **Tridente**, turístico y popular porque en sus límites se halla la Fontana de Trevi o la Piazza de Spagna, y el barrio judío (**Ghetto**), al sur del Tridente. Los más importantes vestigios romanos se hallan en el área delimitada por el **Coliseo**, **Palatino**, **Foro Romano** y **Campidoglio** al sur de Tridente y lindando al oeste con el Ghetto. Estos impresionantes hallazgos romanos se completan con una visita hacia el sur donde se localiza la colina del **Aventino**, las **termas de Caracalla** y el **Circo Máximo**.

Si se piensa en estar comunicado, la zona de **Termini**, **Piazza de la República** y **Via Veneto**, en la parte norte del centro, es ideal para alojarse por la facilidad para encontrar transportes públicos y la variedad de alojamientos hoteleros. Al sur de esta se sitúan los *rioni* de **Esquilino** y **Monti** a los que los años han cambiado; han pasado de ser barrios populares a caracterizarse por su espíritu étnico y alternativo en el caso del primero y por unos aires de modernidad y elegancia informal en el segundo. Cruzando el río Tíber aparece el popular **Trastevere**, un barrio lleno de encanto y cada vez más frecuentado por el turismo en masa, y si se camina al sur nos encontramos con **Testaccio**, en alza y a la moda que todavía no se ha popularizado al mismo nivel, pero que cuenta con interesantes atractivos culturales.

▲ Detalle de la Capilla Sixtina.

◀ Iglesia de Sant'Agnese in Agone.

▌Fuera del centro de Roma

El **Vaticano** se enclava en **Roma Oeste**. Si se está en el casco histórico, se puede tomar algún transporte para llegar. Comparte localización en la orilla oeste del Tíber con el barrio de Trastevere y es vecino del **Castel Sant' Angelo**. **Roma Sur** está representada por el *quartiere* Europa con oferta de ocio, mientras que en **Roma Norte** no falta la cultura en Parioli, Flaminio, Pinciano, con **la Gallería Borghese**, o en Salario y en **Roma Este** fluyen las nuevas tendencias y se desarrolla la vida universitaria de la ciudad alrededor de **Tiburtino**.

▲ Palazzo di Montecitorio.

El centro de Roma

Las áreas de Navona, Campo de Fiori, Panteón y Via Giulia son considerada el centro histórico por excelencia con importantes palacios, museos y monumentos al igual que edificios institucionales. Estupenda para pasear y para hacerse una idea de la belleza de Roma con imprescindibles, y muy turísticos, enclaves como el inmenso Panteón y la impresionante Piazza Navona que siempre invita a tomar un café o disfrutar de una cena observando su increíble belleza en una terraza bajo la luz de la luna. Ocupa parte de los rioni de Regola, Ponte, Parione, Pigna, S. Eustachio y Colonna.

NAVONA, CAMPO DE FIORI, PANTEÓN Y VIA GIULIA

PALAZZO DI MONTECITORIO ✱

🕐 5 (B1)
✉ Piazza di Montecitorio, 33
🌐 www.camera.it
🕐 Primer domingo de mes (excepto jul, ago y la primera semana de sep. Horarios consultar web.
🚌 62, 63, 81, 85, 95, 119, 492, 590, 628 a Via del Corso
♿ Buenos

Inocencio X encargó su construcción a Gian Lorenzo Bernini (1653) para la familia Ludovisi, pero Inocencio XII decidió transformarlo en la sede de los Tribunales de Justicia (Curia Innocenziana) encargando el trabajo a Carlo Fontana (1694). Se convirtió en sede de la **Cámara de Diputados**, en 1871. Entre 1908 y 1927 se emprendieron unas obras de ampliación según el proyecto de Ernesto Basile, creando un nuevo cuerpo hacia la Piazza del Parlamento y a él se debe el salón llamado *il Transatlantico* (Aula del Parlamento) con algunos elementos de estilo Liberty.

COLUMNA DE MARCO AURELIO ✱

🕐 5 (B1)
✉ Piazza Colonna
🚌 81, 117, 119, 590, 628 Via del Corso

Fue realizada entre los años 180-193 d.C. tras la muerte del emperador Marco Aurelio, imitando la columna de Trajano, aunque con un estilo menos refinado. La columna se ubica delante del Palazzo Chigi, sede del Gobierno italiano, y se construyó para celebrar las victorias sobre los germanos y los sármatas. Decorada con relieves que narran en espiral distintos episodios de esta guerra, tiene una altura de 30 m y en su interior se halla una escalera de caracol que permite subir a la plataforma superior. En 1588, el papa Sixto V sustituyó la estatua del emperador de su cima por un bronce de San Pablo.

SANT'IGNAZIO ✱

🕐 5 (C1)
✉ Via del Caravita, 8
🌐 santignazio.gesuiti.it/
🕐 9-20 h.
🚌 62, 64, 81, 119, 492, 628 a Via del Corso o Torre Argentina
♿ Regulares

Su construcción se inició en 1626 y finalizó con su inauguración en 1722; está dedicada a San Ignacio de Loyola, fundador de la Compañía de Jesús, y sigue el mismo esquema que su predecesora Il Gesú.

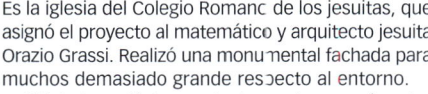

▲ A la izquierda, una de las salas de la Galleria Pamphilij; y a la derecha, Retrato de Inocencio X.

Es la iglesia del Colegio Romano de los jesuitas, que asignó el proyecto al matemático y arquitecto jesuita Orazio Grassi. Realizó una monumental fachada para muchos demasiado grande respecto al entorno.

El interior está ricamente decorado con mármoles de colores y frescos pero, por falta de fondos, no se pudo terminar la gran cúpula proyectada. Para solucionarlo, el artista y también jesuita Andrea Pozzo realizó una falsa cúpula pintada sobre tela (1685), y jugando con perspectivas y efectos ópticos, consiguió dar la impresión de una cúpula real. Los fantásticos frescos de la bóveda central, con el tema Apoteosis de San Ignacio, también son obra de Pozzo (1685-1694); aquí las columnas pintadas son una continuación de las reales, engañando así al espectador.

▮ PALAZZO DORIA PAMPHILJ ★★★

En la actualidad pertenece a la familia Doria-Pamphilj y es su residencia. Pero no siempre ha sido así, a lo largo de los siglos el edificio ha sido propiedad de distintas familias nobles que fueron transformándolo. La parte más antigua (mediados del siglo XV) perteneció al cardenal Fazio Sartorio, quien lo donó a la familia Della Rovere a principios del XVI.

En 1601 lo compró Pietro Aldobrandini, sobrino del papa Clemente VIII, y en 1647 pasó a la familia Pamphilj por el matrimonio de Olimpia Aldobrandini con el sobrino de Inocencio X, Camillo Pamphilj. La fachada sobre Vía del Corso, obra de Valvassori (1731-1734), es un original ejemplo de la arquitectura civil romana del estilo conocido como barochetto; desde ella se accede al gran patio porticado.

🕐 5 (C1)
✉ Via del Corso, 305
🖥 www.doriapamphilj.it
🕐 L-J: 9-19 h y V-D: 10-20 h (la taquilla cierra una hora antes)
🎫 Recomiendan comprar las entradas online para asegurarse la entrada.
🚌 85, 95, 175, 492, 62, 630 o 850
♿ Buenos

LO QUE HAY QUE SABER

Para quien no dispone de mucho tiempo y quiere conocer la ciudad un poco mejor en unos apuntes rápidos.

Moverse por Roma

✓ **Atención al tráfico.** Los romanos no son muy respetuosos en los pasos de peatones y conducen bastante rápido. Es importante poner mucha atención en lo cruces.

✓ **Billetes de autobús.** Aunque parezca lo contrario, en los autobuses se paga. Los conductores no venden billetes ni los controlan, pero existen los revisores y han aumentado en los últimos años; también la cuantía de las multas es mayor.

✓ **Pagar lo que se tome de consumición.** Lo normal en los bares es pagar en la caja antes de pedir la consumición. Es habitual dejar alguna pequeña propina sobre el ticket.

✓ **El cappuccino.** Los romanos toman este tipo de café solo en la mañana, nunca después de comer o cenar, aunque en los restaurantes lo sirven a cualquier hora para los turistas.

✓ **El idioma.** Para un español no resultará demasiado complicado entenderse con los romanos. Estos suelen estar disponibles para dar una indicación a los visitantes, pero siempre agradecerán el conocimiento de algunas frases en italiano.

Café y helados

✓ Tanto el café como los helados tienen merecida fama en Italia. Algunos de los mejores sitios son:

✓ **La Tazza d'Oro.** *Via degli Orfani, 84, www.tazzadorocoffeeshop.com.* Sirven uno de los mejores cafés de la ciudad y en verano son famosos sus granizados de café con nata.

✓ **Giolitti.** *Via Uffici del Vicario, 40, www.giolitti.it.* Histórica heladería abierta en 1900 con gran variedad de sabores.

✓ **Caffè Sant'Eustachio.** *Piazza Sant'Eustachio, 82, caffesanteustachio.com.* Una de las cafeterías más antigas de Roma. Su café, tostado en el antiguo tostador artesanal, es de los mejores de la ciudad.

✓ **Il Gelato di San Crispino.** *Via della Panetteria, 42.* Sus helados son considerados los mejores de Roma. Siempre a la busqueda de nuevos sabores.

✓ **Grezzo Raw Chocolate.** *Via Urbana, 130, grezzorawchocolate.com.* Constituye un coqueto y moderno establecimiento crudivegano y ecológico en Monti que ofrece una gran variedad de dulces, chocolate, un gran surtido de bombones y helados. Dos establecimientos más en Piazza Mattei, 14 y Piazza Euclide, 39.

✓ **Caffe Greco.** *Via Condotti 86, anticocaffegreco.eu.* Un histórico junto a la Piazza di Spagna. Con una buena variedad de cafés y postres, además de elevados precios, pero un día es un día.

Visita de la ciudad

✓ **Las iglesias.** Roma cuenta con cientos de iglesias monumentales de todas las épocas y dimensiones. Es interesante entrar en aquellas que aparezcan en un paseo sin programar; se pueden descubrir tesoros artísticos poco conocidos.

✓ **Vistas panorámicas.** Existen varios miradores desde los que contemplar unas bellas vistas de la ciudad; los principales son: la cúpula de San Pedro del Vaticano, la colina del Gianicolo, el Giardino degli Aranci en el Aventino, el monumento a Victorio Emanuele II y los jardines del Pincio junto a Villa Borghese.

✓ **Las plazas.** No se puede abandonar Roma sin haber visitado al menos sus plazas más famosas: Piazza Navona, Piazza di Spagna, Campo de' Fiori y Piazza del Popolo. Grandes y monumentales o pequeñas y escondidas, las plazas son parte im-

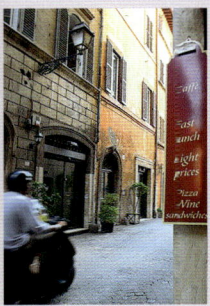

portante de la vida de la ciudad. Es una delicia sentarse en alguna de ellas a disfrutar de un cappuccino mientras se ve pasar a la gente en un bello entorno artístico.

✓ **Tomar un aperitivo.** Uno de los locales con más solera de la ciudad es la enoteca Cavour 313, *Via Cavour, 313, cavour313.it.*

✓ **El Vaticano.** Si se realiza la visita un miércoles, existe la posilidad de acudir a la audiencia del papa. Se debe solicitar previamente a la Prefectura de la Casa Pontificia, *www.vatican.va/various/prefettura/index_sp.html*

✓ **Compras.** Para conocer las últimas tendencias de los famosos diseñadores italianos, lo mejor es acudir a las tiendas de Via Condotti o Via Borgognona. Pero por toda la ciudad se pueden encontrar interesantes tiendas de decoración, de moda o zapaterías del célebre diseño italiano.

✓ **Mercadillos.** Hay mercadillos callejeros casi todos los días en distintos puntos de la ciudad. Uno de los más famosos es el de Porta Portese los domingos por la mañana.

✓ **Motos.** Es el medio de transporte preferido por los romanos y el más rápido en una ciudad con un tráfico tan denso. Es posible alquilar motos o bicicletas para visitar Roma o sus alrededores. Bici & Baci. *Via del Viminale, 5 / Via Cavour, 302 y Vicolo del Bottino, 8; www.bicibaci.com.*

▮ Los mejores sitios para comer

✓ **Antonello Open Colonna** (▶106)

✓ **Rifugio Romano** (▶107)

✓ **Enoteca Ferrara (C)** *Piazza Trilussa, 41, www.enotecaferrara.it.* Cocina típica italiana con un toque sofisticado y una carta de vinos.

✓ **Ivo a Trastevere (E)** *Via San Francesco a Ripa, 158, ivoatrastevere.it.* Pizzería de Trastevere famosa por sus *fritti*; suele estar bastante llena, a veces hay que esperar mesa.

✓ **La Carbonara** (▶107)

✓ **Corsetti 1921** (▶107)

✓ **Il Matriciano** (▶108)

✓ **News Cafe (E)** *Via della Stamperia, 72.* Gran variedad de ensaladas y primeros platos.

▮ No olvidar…

✓ **Tirar una moneda en la Fontana de Trevi,** para regresar a la ciudad.

✓ **Besar el pie derecho de San Pedro en el Vaticano.** Los peregrinos realizan este gesto de fidelidad al papa en la estatua de siglo XIV desde hace siglos.

✓ **Meter la mano en la Bocca della Verità.** La leyenda dice que morderá a los que mienten.

✓ **Espiar por la cerradura del priorato dei Cavalieri di Malta.** Se puede contemplar una curiosa vista de la cúpula de San Pedro.

✓ **Poner un candado en Ponte Milvio.** En este antiguo puente romano, los enamorados colocan un candado con sus iniciales y tiran la llave al Tíber como seña de amor.

▲ Patio del Palazzo Altemps.

Alberga la **Galleria Pamphilij**, una importantísima colección privada tanto por la cantidad como por la calidad de sus obras. Entre las más destacadas se encuentran: *Salomé con la cabeza de San Juan* de Tiziano, el Doble Retrato de Rafael, *El descanso durante la huída a Egipto* y la *Magdalena* de Caravaggio, la *Anunciación* de Filippo Lippi y el *Retrato de Inocencio X* realizado por Velázquez, sin duda alguna, obra maestra de la colección.

▌ SANTA MARIA SOPRA MINERVA ***

Tras una sobria fachada (1400) se esconde una iglesia que guarda notables tesoros artísticos y es uno de los pocos ejemplos de gótico en la ciudad. En el siglo VIII se edificó un primer oratorio sobre los restos romanos de lo que pudo ser un templo a la diosa Minerva. El templo gótico comenzó a construirse en 1280 y las obras finalizaron en 1370, aunque sufrió posteriores modificaciones hasta el siglo XIX.

En el altar mayor está la tumba de Santa Catalina de Siena, patrona de Italia. También acoge las tumbas del pintor Fra Angelico y de los papas León X y Clemente VII, realizadas por Antonio Sangallo. Entre las numerosas obras de arte destacan: la estatua del *Cristo Redentor* de Miguel Ángel (1521), los frescos de Filippo Lippi en la capilla Carafa (siglo XV) o la pintura de Fra Angelico la *Virgen con el niño*. En la Piazza della Minerva se alza un obelisco del siglo IV a. C encontrado en el jardín de de Santa María sopra Minerva. Bernini proyectó la estatua del elefante que lo sustenta, aunque dicen que fue de Ferrata.

▌ EL PANTEÓN (IL PANTHEON) (▶20) ***

▌ LARGO DI TORRE ARGENTINA **

Esta zona arqueológica conocida como **Area Sacra** fue descubierta durante unos trabajos de remodelación urbanística en 1926. Se encontraron los restos

🕐 5 (C1)
✉ Piazza della Minerva, 42
🔗 santamariasopraminerva.it/es/
🕐 L-D: 11-13 y 15-19 h.
🚌 30, 40, 46, 62, 64, 70, 119, 571, 916 y 🚋 8 a Torre Argentina
♿ Regulares

🕐 5 (C1)
✉ Largo di Torre Argentina
🚌 30, 40, 46, 62, 64, 70, 81, 87, 119, 492, 571, 916 y M 8 a Largo Torre Argentina
🔗 www.gattidiroma.net
♿ Regulares

de cuatro templos, todos de la época republicana, que fueron denominados como A, B, C y D según su ubicación de norte a sur. El templo A es del siglo III a.C. y más tarde fue transformado en la iglesia de San Nicola de Cesarini, de la que conserva el ábside. El templo B es del siglo I a.C. y es el único de planta circular. El templo C es el más antiguo, probablemente del siglo IV a.C. y se piensa que estaba dedicado a la diosa itálica Feronia. El templo D, el más grande, se remonta al siglo II a.C. Acoge un santuario de gatos.

Detrás de los templos B y C se han encontrado restos de la Curia de Pompeyo, donde se reunía el senado y donde fue asesinado Julio César el 15 de marzo del 44 a.C. Acoge un santuario de gatos.

▌ SANT'IVO ALLA SAPIENZA　　✱

Dedicada al patrón de los abogados y considerada la obra maestra de Borromini, fue construida entre 1642 y 1652 por encargo del papa Urbano VIII Barberini. Reunía gran complejidad al tener que incluir la iglesia dentro de otra edificación, por lo que proyectó una planta en forma de estrella. Con su forma cóncava su fachada se encuentra integrada en el patio interior del Palazzo della Sapienza, sede de la universidad de Roma desde el siglo XIV hasta 1935.

En contraposición, la cúpula es convexa polilobulada y termina con una original linterna en espiral.

- 🕐 4 (C2)
- ✉ Corso del Rinascimento, 40
- 🌐 www.sivoallasapienza.eu
- 🕐 D: 9-11 h. Cierra D de jul y ago.
- 🚍 C3, 30, 70, 81, 87, 116, 492, 628 a Corso del Rinascimento
- ♿ Regulares

▌ SANT'AGOSTINO　　✱✱

Del siglo XV esta iglesia es una de las primeras de estilo renacentista de Roma. Su fachada, que recuerda a la florentina Santa Maria Novella, está realizada en mármol travertino del Coliseo. Contiene obras maestras como los frescos del Profeta Isaías pintados por Rafael (1512); la escultura de Jacopo Sansovino conocida como *Madonna del Parto* (1521), venerada por sus poderes milagrosos; y la *Virgen de los Peregrinos* de Caravaggio (1606), criticada en la época por

- 🕐 4 (B2)
- ✉ Piazza Sant'Agostino, 80
- 📞 06 8801962
- 🕐 7.15-12 h y 16-19.30 h
- 🚍 30, 70, 81, 87, 116, 492, 628 a Corso del Rinascimento
- ♿ Regulares

su excesivo realismo. Se dice que la pintó mientras buscaba refugio en la iglesia por el crimen cometido en la Piazza Navona, que le obligó a huir de la ciudad.

I MUSEO NAZIONALE ROMANO -PALAZZO ALTEMPS ✷

Forma parte del conjunto del **Museo Nazionale Romano**. Fue construido en el siglo xv junto a Piazza Navona. Sus salas están decoradas con notables frescos y albergan esculturas (como el famoso *Galata Suicida*) de las colecciones Ludivisi, Matttei y Altemps.

I SAN LUIGI DEI FRANCESI ✷✷

La iglesia nacional francesa en Roma fue fundada por Giulio Medici, posteriormente papa Clemente VII, y fue edificada por Doménico Fontana según el proyecto de Giacomo Della Porta. Financiada por la monarquía francesa (1518–1589), posee una gran fachada en travertino decorada con esculturas relacionadas con Francia, entre ellas Carlomagno y San Luis.

En el interior, decorado en estilo barroco por Antoine Derizet, están enterradas personalidades francesas fallecidas en la ciudad. Su principal atractivo es la **capilla Contarelli**, con frescos del Cavalier d'Arpino y con tres cuadros de Caravaggio, la *Vocación de San Mateo*; el *Martirio de San Mateo* y *San Mateo y el Ángel*; el último fue rechazado por su excesivo realismo, nunca se había representado a un santo como un viejo cansado y con pies sucios, tuvo que realizar una segunda versión.

I PALAZZO MADAMA ✷

El cardenal Giovanni de' Medici, posteriormente papa León X, lo mandó construir como residencia familiar en 1503. Su nombre viene por Margarita de Austria, la hija ilegítima del emperador Carlos V, esposa de Alessandro de' Medici y después de Ottavio Farnese y que conquistó el afecto de los romanos que empezaron a llamarla *Madama*. Paolo Marucelli proyectó la espectacular fachada barroca junto a Cigoli (1642). El último papa propietario fue Pío IX, que lo destinó a Ministerio de las Finanzas Pontificias. En 1870 se convirtió en el Senado del Reino de Italia y actualmente es la sede del **Senado de la República Italiana**.

I PIAZZA NAVONA (▶22) ✷✷✷

I SANT'ANDREA DELLA VALLE ✷

Comenzó a levantarse en 1591 según el proyecto de Gian Francesco Grimaldi y Giacomo della Porta; en

1608 el encargo de las obras pasó a Carlo Maderno, a quien se debe la grandiosa cúpula, la más grande de la ciudad después de la de San Pedro del Vaticano. Entre 1655 y 1665, Carlo Rinaldi realizó la fachada en mármol travertino que modificó el proyecto de Maderno haciéndola mucho más alta. Esta fachada tiene una peculiar asimetría, hay un ángel a la izquierdo y ninguna figura a la derecho, se dice que Ercole Ferrata se negó a esculpir la segunda escultura.

Su interior, donde están enterrados los papas de la familia Piccolomini, Pío II y Pío III, está decorado con frescos de Domenichino y Giovanni Lanfranco. El primer acto de la ópera *Tosca* de Puccini se desarrolla en esta iglesia.

- 4 (C2)
- Piazza Sant'Andrea della Valle
- santandrea.teatinos.org
- Pueden variar. L-S: 15.30-19.30 h y D: 8.30-19.30 h
- 30, 40, 46, 62, 64, 70, 81, 87, 116, 492, 628 y otros por Corso Vittorio Emanuele II
- Regulares

I MUSEO DI SCULTURA ANTICA
GIOVANNI BARRACCO ✻

Una interesante colección de arte asirio, egipcio, chipriota, fenicio, etrusco, griego y romano que el noble Giovanni Barracco donó al Ayuntamiento de Roma en 1904. Su sede se encuentra en el palacio renacentista Farnesina ai Baullari. Durante las obras de restauración del edificio aparecieron los restos de una casa de época tardo-romana.

- 4 (C2)
- Corso Vittorio Emanuele II, 166/A
- www.museobarracco.it
- Oct-may: 10-16 h; jun-sep: 13-19 h. Cerrado L.
- 30, 40, 46, 62, 64, 70, 81, 87
- Entrada gratuita
- Regulares

I MUSEO DI ROMA-PALAZZO BRASCHI ✻✻

Ubicado junto a la Piazza Navona, es un edificio de finales siglo XVIII y principios del XIX mandado construir por el papa Pío VI para su sobrino Luigi Braschi. Las obras se atribuyen a Giuseppe Valadier, pero no fueron finalizadas por problemas económicos y la familia Brasch acabó vendiéndolo al Estado italiano.

Desde 1952 lo ocupa el Museo di Roma y tras un largo período cerrado por obras de restauración, reabrió en 2005. Recoge la historia de la ciudad del medievo hasta mediados del siglo XX a través de mosaicos y frescos, a esculturas, muebles, grabados, libros antiguos, una colección de pinturas del siglo XIV al XX y un archivo fotográfico.

- 4 (C2)
- www.museodiroma.it
- Piazza San Pantaleo, 10
- Martes-domingo 10-19 h (la taquilla cierra una hora antes)
- 40, 46, 62, 64, 190 571, 916
- Buenos

I PASQUINO ✻

Esta es la más famosa de las estatuas parlantes de Roma. Formaba parte de un grupo escultórico del siglo III a.C.; durante la Edad Media estuvo abandonada en la calle hasta que en 1501 fue colocada junto al Palazzo Braschi. Existen muchas leyendas sobre quién fue el tal Pasquino (un barbero, un maestro, un zapatero de la plaza...), el caso es que en el siglo XVI comenzaron a aparecer comentarios sarcásticos en este lugar, principalmente dirigidos

- 4 (C2)
- Piazza di Pasquino
- 40, 46, 62, 64, 190 571, 916

contra los papas y las influyentes familias de la ciudad. Poco a poco se extendió esta costumbre y otras estatuas aparecían con escritos satíricos y libelos causando la ira de las autoridades. Esta práctica popular se mantuvo activa hasta el siglo XIX e incluso Napoleón fue blanco de sus críticas. De estos escritos sobre la estatua proviene la palabra "pasquín".

❘ CHIESA NUOVA　　　　　　　　　*

El papa Gregorio XIII se la donó a San Filippo Neri, fundador de la Congregación del Oratorio. La iglesia de Santa Maria in Vallicella, que es su verdadero nombre, fue edificada en el siglo XII y totalmente reconstruida (de ahí el nombre de Chiesa Nuova) entre 1575 y 1599 por Matteo di Città di Castello y Martino Longhi il Vecchio.

La fachada sigue el modelo del Gesù, ejemplo de iglesia de la Contrarreforma. San Filippo fue enterrado aquí, pero no se respetaron sus deseos de mantener la sobriedad en el interior, ricamente decorado con frescos de Pietro de Cortona. Cuenta con tres obras maestras de Rubens: *Virgen con ángeles*; *Santa Domitila, Nereo y Aquiles*; y *Santos Gregorio, Mauro y Papias*. Junto a la iglesia se sitúa el *Oratorio dei Filippini,* cuya fachada realizó Borromini (1637-1643).

- 🕓 4 (C1)
- ✉ Piazza della Chiesa Nuova
- 🌐 www.vallicella.org
- 🕓 7.30-12 h y 17-19.45 h. Festivos: 8-12 h y 17-20 h
- 🚌 40, 46, 62, 64, 571, 916
- ♿ Regulares

❘ PIAZZA FARNESE　　　　　　　**

Toma su nombre del imponente Palazzo Farnese (1517-1589), construido para el cardenal Alejandro Farnese por los artistas más importantes de la época, entre ellos, Antonio Sangallo, Miguel Ángel, Vignola y Giacomo Della Porta. El proyecto inicial, algo más modesto, fue transformado en este monumental palacio cuando el cardenal Farnese pasó a ser el papa Pablo III. Miguel Ángel tenía intención de unir este palacio con la Villa Farnesina al otro lado del río, pero las obras se interrumpieron cuando solo se había construido el primer pilar del puente en Via Giulia. El interior está decorado con soberbios frescos como el *Triunfo del Amor sobre el Universo*, realizado por Carracci.

Actualmente es la sede de la Embajada de Francia. Además en la plaza hay dos fuentes realizadas con sendas bañeras de granito egipcio de las Termas de Caracalla y en un lado se alza la iglesia de Santa Brígida, edificada a finales del siglo XIV cuando la santa sueca fue canonizada. No hay que olvidar que frente al Palazzo Farnese está el Palazzo Del Gallo di Roccagiovine (siglo XVI).

- 🕓 4 (D1)
- ✉ Piazza Farnese. El Palazzo Farnese se visita en un tour guiado en inglés, francés o italiano. Las entradas solo se puede comprar en su web.
- 🌐 visite-palazzofarnese.it
- 🚌 116, 23, 271, 280, 870
- ♿ Buenos

▌ PALAZZO SPADA ⭐⭐

Construido por Giulio Mazzoni para el cardenal Girolamo Capodiferro alrededor de 1548, un siglo más tarde fue adquirido por el cardenal Bernardino Spada que encargó a Borromini los trabajos de reestructuración. En 1653 este proyectó en el patio la Galleria Prospettica, galería de columnas en la que creó la ilusión óptica de que posee más de 30 m de longitud cuando en realidad no llega a los 9 m. En 1927 lo adquirió el Estado italiano y actualmente es la sede del *Consiglio di Stato*, junto con la colección de arte del cardenal.

Expuesta en la Galleria Spada, está compuesta principalmente por cuadros, en su mayoría de los siglos XVI y XVII, mobiliario de época y esculturas antiguas, entre ellas una estatua colosal de Pompeyo. En sus paredes cuelgan importantes obras pictóricas de autores como Rubens, Guercino, Tiziano (*Retrato de violinista*), Durero, Brueghel, Caravaggio o Guido Reni (*Retrato del Cardenal Bernardino Spada*).

🕓 4 (D2)
✉ Piazza Capo di Ferro, 13
🔗 galleriaspada.cultura.gov.it
🕓 8.30-19.30 h. Cierra M.
🚌 44, 46, 62, 64, 70, 81, 87, 492
♿ Buenos

▼ Fachada exterior del Palazzo Spada.

▌ CAMPO DE' FIORI ⭐⭐

Situada entre Piazza Navona y Piazza Farnese, esta plaza es uno de los enclaves pintorescos de la ciudad. No se sabe de dónde procede su nombre, probablemente fue un prado florido donde pastaban animales, pero hay quien remonta el nombre a una tal Flora,

🕓 4 (D2)
✉ Piazza Campo de' Fiori
🚌 40, 46, 62, 64, 190, 571, 916 a Corso Vittorio Emanuele I

▲ Mercado en Campo de' Fiori y Estatua de Giordano Bruno.

• • • • • • • • •

🕐 5 (D1)
✉ Via delle Botteghe Oscure, 31
📱 museonazionaleromano. beniculturali.it
🚫 Cerrada actualmente por trabajos de restauración.
🚌 C3, H, 30, 40, 46, 62, 63, 119,492
♿ Buenos

amante del general romano Pompeyo que construyó en las cercanías un grandioso teatro (55 a.C.). A mediados del siglo xv, el papa Calixto III hizo pavimentar el terreno y pronto aparecieron pensiones y albergues para los peregrinos, muchos propiedad de Vanozza Cattanei, supuesta amante del papa Alejandro VI Borgia.

Progresivamente se fueron asentando también comerciantes y se instaló un mercado de caballos. Cada mañana, excepto los domingos, se celebra aquí el mercado romano más famoso desde que fuera trasladado de Piazza Navona (1869).

En su centro se yergue la estatua del filósofo Giordano Bruno, quemado en la hoguera en el año 1600 al ser considerado hereje.

Por las noches los escalones del monumento se convierten en un punto de reunión muy popular por los numerosos restaurantes y locales en su interior y calles limítrofes.

▌ MUSEO NAZIONALE ROMANO-CRYPTA BALBI ✱

En la Crypta Balbi se pueden ver los restos del Teatro Balbo (año 13 a.C.) y objetos de distintas épocas que pertenecen a las excavaciones realizadas en la zona, puesto que el primitivo teatro fue transformado y modificado durante la Edad Media y el Renacimiento. En el recorrido se pueden ver dos casas de origen medieval en la via Botteghe Oscure y el "dormitorio Barberiniano" situado en la via Caetani. Parte del conjunto del *Museo Nazionale Romano,* desde enero de 2023 está siendo sometida a un intenso proceso de restauración.

▌ PALAZZO VENEZIA ★★

Edificado entre 1455 y 1468 por mandato del cardenal Pietro Balbo, futuro papa Pablo II, es el edificio más representativo de la arquitectura civil de la Roma del siglo XV. En 1564 Pío IV cedió parte del palazzo a la República de Venecia siendo su embajada en Roma hasta 1797, también acogió la embajada de Austria desde 1814 hasta 1916, cuando pasó a manos del Estado italiano. Entre 1929 y 1943 fue sede del Gobierno Fascista de Benito Mussolini y desde su balcón pronunció sus célebres discursos.

Actualmente es la sede del *Museo Nazionale del Palazzo di Venezia* que exhibe pinturas de los siglos XIII al XVIII, esculturas, bronces, terracotas, porcelanas, tapices, esmaltes, medallas y orfebrería sagrada y pagana pertenecientes principalmente al medievo y al renacimiento.

- 🕐 5 (D1)
- ✉ Via del Plebiscito, 118
- 🌐 vive.cultura.gov.it/it/palazzo-venezia
- 🕐 M-D: 9.30-19.30 h (la taquilla cierra 45' antes). Primer D de mes: gratuito.
- 🚌 40, 63, 70, 75, 81, 87, 95, 160, 170, 204, 628, 630, 716
- ♿ Buenos

▌ IL GESÙ ★★

Arquetipo de las iglesias de la Contrarreforma, la iglesia del *Santissimo Nome di Gesù all'Argentina* fue construida entre 1568 y 1584 por Vignola, conservando parte de un proyecto anterior de Miguel Ángel; la fachada es obra de Giacomo Della Porta, encargado de terminar la construcción a la muerte de Vignola. En su época fue la iglesia más grande y la primera construida nueva desde el *Sacco di Roma.* También fue la primera iglesia de la Compañía de Jesús, aquí está enterrado su fundador, el español San Ignacio de Loyola, y ha servido de modelo para iglesias jesuíticas en todo el mundo.

Con una única gran nave y varias capillas laterales, su interior fue decorado principalmente en el siglo XVII. En el techo hay un fresco con un peculiar efecto de perspectiva aérea: el *Triunfo del Nombre de Jesús*, de Baciccia, autor además de los frescos de la cúpula. Las capillas cuentan con obras de los principales artistas barrocos del momento: la de San Ignacio, donde se encuentra el santo, es obra de Andrea Pozzo y la de San Francisco Javier fue realizada por Pietro da Cortona. A la izquierda del altar mayor está el busto de San Roberto Bellarmino, de Gian Lorenzo Bernini.

- 🕐 5 (D2)
- ✉ Piazza del Gesù
- 🌐 www.chiesadelgesu.org
- 🕐 7.30-12.30 h y 16-19.30 h. D-fest.: 7.45-13 h y 16-20 h.
- 🚌 30, 40, 46, 62, 64, 70, 81, 87, 119, 492
- ♿ Buenos

▲ Fontana de Trevi.

TRIDENTE

Uno de los emplazamientos más populares de la ciudad porque acoge la popular **Fontana di Trevi** y la **Piazza di Spagna**, punto de reunión de habitantes y turistas y centro de compras en la ciudad. Se extiende por los rioni Campo Marzio, Trevi y Ludovisi y toma su nombre del tridente que forman las vías di Ripetta, del Babuino y del Corso.

▮ MERCADOS DE TRAJANO ✶✶

🕐 6 (D1)
✉ Via IV Novembre, 94
📶 www.mercatiditraiano.it
🕐 9.30-19.30 h
🚌 40, 60, 64, 70, 117, 170
♿ Buenos (adaptado)

Es el conjunto monumental de la Antigua Roma mejor conservado. Fueron construidos probablemente por Apolodoro de Damasco a principios del siglo ii d.C. como una especie de centro comercial de la época, con seis plantas de altura y 150 comercios (*tabernae*): en el piso inferior se vendían frutas y flores; en el segundo nivel, las ánforas encontradas indican que era la zona para el vino y el aceite; el siguiente nivel, atravesado por la via Biberiatica, era destinado a productos como especias y sedas; las plantas superiores eran empleadas en funciones administrativas para la distribución del trigo; y en el último piso estaban los viveros de pescado que recibían agua desde el acueducto y desde el mar.

Durante la Edad Media se añadieron otras edificaciones como la *Torre delle Milizie*. Actualmente una parte de los mercados contiene el **Museo de los Foros Imperiales**.

PALAZZO COLONNA ★★

El papa Martín V Colonna comenzó la construcción de este palacio hacia 1417, sin embargo la mayor parte de su estructura data del siglo XVIII cuando el arquitecto Nicola Micchetti llevó a cabo unos trabajos de restauración. Fue en 1654 cuando el cardenal Girolamo Colonna mandó construir la Galleria para albergar su colección de arte y pinturas con obras de Tintoretto (*Narciso en la fuente*), Bronzino (*Venere, Cupido e Satiro*), Guido Reni (*San Francisco en Oración*) o Guercino (*El Arcángel San Gabriel*), entre otros.

Las salas del Palazzo están profusamente decoradas: en el techo de la Sala Grande se narran episodios de la vida de Marco Antonio Colonna en la Batalla de Lepanto; en las paredes de la Sala dei Ricami cuelgan antiguos tapices y la Sala del Trono está preparada para un posible visita papal. El llamado Apartamento *Princesa Isabelle* es parte del palacio del siglo XV y una de sus habitaciones está decorada con frescos de Pinturicchio.

FONTANA DI TREVI ★★★

Uno de los grandes atractivos de Roma, además de su fuente más famosa y la de mayores dimensiones. Su construcción la inició Nicola Salvi (1732) y la terminó Giuseppe Pannini y fue inaugurada por el papa Clemente XIII (1762). Adosada a la fachada del Palacio Poli, las figuras centrales son Neptuno junto a dos tritones con caballos marinos, uno tranquilo

- ⏱ 5 (C2)
- ✉ Piazza SS. Apostoli, 66
- 🏠 www.galleriacolonna.it
- ⏰ S: 9.15-13.15 h. Se puede realizar la visita sin guía o con guía en italiano, inglés, francés y español. Entrada por la vía della Pilotta, 17. V: visitas guiadas con reserva por la piazza SS. Apostoli, 66. En diferentes horarios a lo largo de la mañana en italiano, francés e inglés. Las entradas se deben comprar online. El resto de días y por la tarde de V o S se pueden reservar visitas privadas.
- 🚌 44, 46, 84, 190, 780, 781, 810
- ♿ Buenos

- ⏱ 5 (B1, B2)
- ✉ Piazza di Trevi
- 🚌 52, 53, 61, 62, 71, 80, 95, 117, 119

▲ Obelisco en la Piazza del Quirinale.

🕐 6 (C1)
✉ Piazza del Quirinale
🌐 palazzo.quirinale.it
🕐 Visita: M, X, V, S y D: 9.30-16 h. Ultima entrada a las 14.30 h. El tour guiado por el palacio se ofrece solo en italiano. Se deben comprar las entradas online.
🚌 40, 60, 64, 70, 170 Via Nazionale
♿ Buenos

y otro agitado, que representan la tempestad y la calma del océano. Se alimenta todavía con el agua que procede del antiguo acueducto romano Aqua Virgo, inaugurado por Agripa (19 a.C.). En los relieves superiores se describe la escena de la muchacha que indicó a los soldados romanos dónde se situaba el manantial origen del acueducto.

La Fontana ha sido inmortalizada en películas como *Tres monedas en la fuente*, *Vacaciones en Roma*, *Tototruffa 62* o la *Dolce Vita* de Fellini donde Anita Ekberg se baña en sus aguas, algo que está prohibido en las fuentes de Roma.

En 2014 fue cerrada al público para comenzar una restauración. El resultado fue una nueva instalación hidráulica que permite que el agua fluya por los mármoles sin dañarlos, un nuevo sistema de iluminación y otro de vigilancia.

❙ PALAZZO DEL QUIRINALE ★★

Como su nombre indica se encuentra sobre la colina del Quirinal, la más alta de las siete colinas de Roma. El pontífice Gregorio XIII construyó aquí la residencia papal de verano para alejarse de la insalubridad del Vaticano en verano. Las obras comenzaron en 1583 bajo la dirección de Ottaviano Mascarino, pero no adquirió su forma actual hasta 1740.

En su edificación trabajaron los más grandes artistas de la época, entre ellos: Domenico Fontana, autor de la fachada; Carlo Maderno, que realizó la capilla; Flaminio Ponzio; Gian Lorenzo Bernini, responsable de la Logia de las Bendiciones y del torreón circular o Ferdinando Fuga. En 1870 se convirtió en el palacio real de los Saboya y en 1947 pasó a ser la residencia oficial del Presidente de la República que cuenta con una guardia personal de *Carabinieri* conocida como los *Corazzieri* por el uniforme con coraza que portan en los actos oficiales. Sus jardines se abren al público solo el 2 de junio con motivo de la Fiesta de la República.

En el centro de la Piazza del Quirinale se alza la fuente de *Cástor y Pólux* con las colosales estatuas romanas (siglo III d. C) y el obelisco procedente del Mausoleo de Augusto.

🕐 6 (C2)
✉ Via del Quirinale, 30
🌐 santandrea.gesuiti.it
🕐 M-D: 9-12 y 15-18 h
🚌 40, 60, 64, 70, 71, 117, 170
♿ Regulares

❙ SANT'ANDREA AL QUIRINALE ★★

Construida por Bernini entre 1658 y 1670, esta iglesia es una obra maestra del barroco. Fue un encargo del Cardenal Camillo Pamphilj para la Compañía de Jesús, por ello en la decoración interior abunda el lema de los jesuitas IHS (*Iesus Hominum Salvator*).

UN PASEO A PIE

Por las plazas del centro histórico

▲ Artistas en la Piazza Navona.

Recorrido
5,5 km

Duración
Unas 2 horas y media sin paradas. 4 horas parando

Punto de partida
Piazza Campidoglio.
Bus a Piazza Venezia

Fin de Trayecto
Piazza del Popolo.
Bus a Piazzale Flaminio.
Metro: Flaminio

Comida
Ⓘ Sagrestia (E)
✉ Via del Seminario, 89

▌ Desde la Piazza del Campidoglio, a la derecha se llega a la **Piazza Venezia**. A la izquierda del Palazzo Venezia (▶48) se toma Via del Plebiscito y se pasa junto a la iglesia Il Gesú. Por Corso Vittorio Emmanuelle II, a la izquierda queda el Area Sacra (▶42) y Sant'Andrea della Vall (▶44). Girar a la izquierda por Via dei Baullari hasta la Piazza **Campo de' Fiori** (▶47).

Regresando por la misma vía y cruzando Corso Vittorio Emanuele, se toma Via della Cuccagna hasta **Piazza Navona** (▶22).

▌ Hacia la mitad de la plaza, Corsia Agonale lleva hasta la plaza del Palazzo Madama (▶44); por Via del Salvatore se pasa junto a San Luigi dei Francesi (▶44); y Via Giustiniani llega hasta **Piazza della Rotonda,** donde se alza el impresionante Panteón (▶20).

For Via dei Pastini se llega a Piazza di Pietra donde se pueden ver los restos del **templo de Adriano** (siglo II d.C.) que forman parte de la fachada de la Camera di Commercio. Se continúa por Via di Pietra y cruzando Via del Corso, por Via Muratte se llega a la plaza del la **Fontana di Trevi** (▶51). Continuar por Via Poli y girar a la izquierda por Via del Tritone, recto por Largo Chigi se llega a **Piazza Colonna**.

▌ Continuar por Via del Corso y a la derecha Via Condotti, hasta la **Plaza de España** (▶56). Subir la escalinata y seguir a la izquierda por Viale Trinità dei Monti y Viale D'Annunzio hasta el **Mirador del Pincio.**

Desde Viale D'Annunzio se continúa descendiendo hasta la **Piazza del Popolo** (▶58).

Una elegante escalera curvilínea lleva hasta el gran pórtico de estilo clásico que da paso a un interior profusamente decorado con mármoles rosados, estucos y dorados. De planta oval se la conoce como la "perla del Barroco" y la disposición del espacio es un poco peculiar porque se optó por colocar el altar mayor en el eje más corto y distribuir las capillas laterales en el eje más largo.

Nada más entrar, la vista encuentra el altar mayor de bronce y lapislázuli, diseñado por Bernini y el retablo de *El Martirio de San Andrés*, obra de Borgognone. La cúpula de casetones dorados está llena de figuras en estuco de Antonio Raggi. Es notable la capilla donde descansan los restos de San Stanislao de Kostka, con la estatua yacente del santo esculpida por Pierre Legros y los frescos de Andrea Pozzo.

● ● ● ● ● ● ● ● ● ●

🕐 6 (C1)
✉ Via Nazionale, 194
🔗 www.palazzoesposizioni.it
🕐 M-D: 10-20 h
Ⓜ Repubblica, Cavour
♿ Buenos

❚ PALAZZO DELLE ESPOSIZIONI   ✳

Diseñado por Pío Piacentini e inaugurado en 1883, suscitó fuertes polémicas, ya que no gustaron ni la distribución del espacio ni la monumentalidad de la entrada. Fue sede de la *Galleria d'Arte Moderna e Contemporanea*, para después llevar una vida azarosa donde acogió importantes exposiciones, pero también pasó por períodos de inactividad y repetidas reestructuraciones.

Finalmente se convirtió en el espacio multidisciplinar más grande del centro de Roma.

● ● ● ● ● ● ● ● ● ●

🕐 6 (C1)
✉ Via del Quirinale, 23
☎ 06 48 90 77 29
🕐 L-S: 10-13 h
🚌 40, 60, 64, 70, 71, 117, 170
♿ Regulares

❚ SAN CARLO ALLE QUATTRO FONTANE   ✳✳

Conocida como "San Carlino", es una pequeña joya del barroco romano algo olvidada y que merece la pena visitar. Fue la orden española de los Trinitarios Descalzos la que encargó la edificación de un monasterio con claustro y una iglesia a Borromini en 1634. Es la obra más importante del arquitecto, que juega con la geometría para dar dinamismo y crear un espacio en apariencia mayor.

El interior está decorado en blanco y es de planta elíptica con las capillas distribuidas en diagonal. La cúpula elíptica posee una original decoración de "nido de abeja" con hexágonos, octógonos y cruces que van disminuyendo de tamaño a medida que confluyen en la linterna. La fachada fue terminada en 1682 por un sobrino de Borromini que utilizó el mismo juego de alternancia entre espacios cóncavos y convexos.

❚ PALAZZO BARBERINI (▶28)   ✳✳✳

▌ PIAZZA BARBERINI ✳

En 1625 tomó el nombre Barberini cuando la influyente familia adquirió el palacio adyacente. En el centro se sitúa una de las fuentes más bonitas de Roma: la **Fontana del Tritone**, construida por Bernini en 1642-43 por encargo de Urbano VIII; está realizada en mármol travertino y representa un tritón sostenido en una concha por cuatro delfines.

En una esquina de la plaza hay una pequeña fuente también obra de Bernini, la **Fontana delle Api** (1644); realizada en honor de Urbano VIII, decorada con abejas, que son el símbolo de la familia Barberini. Junto a esta fuente comienza la famosa Via Veneto con sus lujosos hoteles y cafés, lugar de moda y centro de la vida nocturna en los años 60 que retrató Fellini en la *Dolce Vita*.

🕐 6 (B1)
✉ Piazza Barberini
🚇 Barberini
🚌 52, 53, 61, 62, 175, 492, 590

▌ SANTA MARIA DELLA CONCEZIONE ✳✳

Esta iglesia, al igual que el convento contiguo, fue fundada por el cardenal Antonio Barberini (1626-1631). El cardenal, que era monje capuchino y hermano del papa Urbano VIII, está enterrado en una sencilla tumba junto al altar con el epitafio que él mismo dictó: "Aquí yacen polvo, ceniza y nada" (*Hic iacet pulvis cinis et nihil*). Su interior acoge algunas obras interesantes como la pintura de *San Miguel Arcángel* de Guido Reni, aunque es conocida principalmente por las cinco criptas subterráneas decoradas hasta el techo con los huesos y calaveras de unos 4.000 esqueletos de frailes capuchinos.

🕐 6 (B1)
✉ Via Vittorio Veneto, 27
🌐 museoecriptacappuccini.it
🕐 10-19 h. Última entrada una hora antes.
🚇 Barberini
♿ Regulares

▼ Fontana del Tritone, en Piazza Barberini.

🚇 5 (A1)
✉ Piazza di Spagna
🚌 Spagna 🚏 119

▲ La Piazza di Spagna.

¿Sabía Ud. que...?

La línea de Metro A, en la parada de Piazza di Spagna, exhibe "street art" o arte callejero en forma de murales. Desde 2014 la céntrica estación se ha convertido en un improvisado museo con la originalidad por bandera.

❙ PLAZA DE ESPAÑA (PIAZZA DI SPAGNA) ⭐⭐⭐

Es una de las plazas más populares y turísticas de Roma y se llama así porque aquí está ubicada la Embajada de España ante la Santa Sede, la Misión Diplomática más antigua del mundo. En su diseño destaca su gran escalinata que data del siglo XVII cuando se decidió unir la iglesia **Trinitá dei Monti**, propiedad de la monarquía francesa, con la plaza. Financiada por Luis XV de Francia, Francesco de Sanctis se encargó del proyecto que finalizó en 1726.

A los pies de la escalera, en recuerdo de las inundaciones de 1598, fue construida la **Fontana della Barcaccia** (1629), obra de Pietro Bernini, que contó con la ayuda del hijo, Gian Lorenzo, y encargada por Urbano VIII. Representa una barca a medio sumergir que se encuentra ligeramente bajo el nivel del suelo para solucionar el problema de presión del acueducto que la alimenta, la misma Aqua Virgo de la Fontana di Trevi; la decoración con abejas y soles procede del escudo de familia del papa.

A un lado de la plaza se alza la **Colonna dell'Immacolata**, inaugurada por Pío IX (1857) para conmemorar la proclamación de la doctrina de la Inmaculada Concepción; se trata de una antigua columna romana coronada por una estatua de la Virgen.

La Piazza di Spagna fue punto de reunión de artistas en el siglo XVII y ya en los siglos XVIII y XIX era un lugar muy concurrido por los viajeros. En el 26 de la plaza está la casa de Keats (▶57), y en el 32 el salón de té Babbington (babingtons.com), que prepara desayunos británicos desde 1896. Lo habitual es que esté abarrotada a todas horas tanto turistas como residentes. Se dice que los romanos la frecuentan para "entablar amistad" con turistas extranjeras, pero es más mito que realidad, lo que abundan son los vendedores ambulantes.

∎ CASA-MUSEO DE KEATS Y SHELLEY ✳

En 1820 el poeta inglés John Keats se instaló con su amigo, el pintor Joseph Severn, en la llamada *Casina Rossa* situada junto a la escalinata de Piazza di Spagna. Enfermo de tuberculosis, falleció al año siguiente a los 25 años. Su trágica muerte inspiró al poeta Shelley la obra *Llanto por Adonis*. Un año después este murió en un accidente náutico en las costas italianas y ambos están enterrados en el cementerio protestante de Roma.

En 1903 la *Casina Rossa* se salvó de la demolición con el apoyo de Eduardo VII, Roosevelt y Víctor Manuel III y en 1907 se decidió crear un museo dedicado a la memoria de los poetas románticos con recuerdos de Keats, Shelley, Byron y otros literatos que residieron y escribieron de Italia. Posee una las mejores bibliotecas de literatura romántica inglesa de Europa.

- 🕐 5 (A1)
- ✉ Piazza Spagna, 26
- 🌐 ksh.roma.it
- 🕐 L-S: 10-13 y 14-18 h; cierra D. Se recomienda comprar la entrada online.
- 🚇 Spagna
- ♿ Malos (segundo piso sin ascensor.

∎ VIA CONDOTTI ✳✳

Comienza en Piazza di Spagna y es famosa porque aquí se sitúan muchas grandes firmas italianas de moda como *Prada*, *Gucci*, *Bulgari*, *Armani*, *Ferragamo* o *Dolce & Gabbana*. Siempre está muy concurrida especialmente los fines de semana, al igual que las calles adyacentes donde también se concentran tiendas de otros conocidos diseñadores.

En el 86 está el **Caffé Greco**, fundado en 1760, fue frecuentado por artistas y personajes ilustres como Keats, Byron, Goethe, Liszt o Bizet.

- 🕐 5 (A1)
- ✉ Via Condotti
- 🌐 www.anticocaffegreco.eu
- 🚇 Spagna

∎ ARA PACIS AUGUSTAE ✳

Se trata de un altar conmemorativo para celebrar la paz en el Imperio Romano tras las victorias de Augusto en Hispania y la Galia.

El Senado mandó construirlo en 13 a.C. Realizado en mármol de Carrara, destaca su decoración escultórica, realista, en especial los frisos laterales que representan la procesión a un lado de la familia imperial y al otro la de sacerdotes y ciudadanos ilustres. Es uno de los mejores ejemplos de relieves romanos que se conserva. Su reconstrucción fue larga y difícil; los primeros hallazgos aparecieron en el siglo XVI y no se completó hasta 1938.

- 🕐 4 (A2)
- ✉ Lungotevere in Augusta
- 🕐 M-D: 9.30-19.30 h; (la taquilla cierra 1 h antes). Gratuito primer D de mes.
- 🌐 www.arapacis.it
- 🚌 81, 224, 590, 628, 913, 926
- ♿ Buenos

▲ Dos imágenes de la Piazza del Popolo.

● ● ● ● ● ● ● ● ● ●

🕐 f.p.
✉ Piazza del Popolo
🚇 Flaminia

Actualmente se ubica en un controvertido edificio diseñado por el arquitecto Richard Meier. A su lado se encuentra el **Mausoleo de Augusto** que fue mandado construir por Augusto en el año 29 a.C.

❙ PIAZZA DEL POPOLO ***

Se sitúa en el acceso norte de la ciudad a través de las Mura Aureliane donde se encontraba la antigua Porta Flaminia, que hoy se conoce como **Porta del Popolo**. Pío IV encargó la puerta a Miguel Ángel, pero la realizó uno de sus discípulos, Nanni di Baccio Bigio (1565); la fachada interna es obra de Bernini (1665) con motivo de la llegada de Cristina de Suecia a Roma. En su centro se alza el **Obelisco de Ramsés II** (siglo XIV a.C.), uno de los más altos de Roma, traído por Augusto para adornar el Circo Máximo y que Fontana erigió aquí en 1589 por deseo de Sixto V.

La *piazza* adquiere su aspecto actual entre finales del siglo XVIII y principios del XIX por encargo del papa León XIII. Fue el arquitecto Giuseppe Valadier el encargado de este proyecto y del diseño de los **Jardines del Pincio**, sobre la colina en su lado este y desde donde se obtiene una de las vistas más bellas de la ciudad. Realizó una plaza más amplia y elíptica, construyó una fachada neoclásica para la iglesia de Santa Maria del Popolo y las fuentes con leones de estilo egipcio en la base del obelisco.

En el flanco sur, al comienzo de Via del Corso se alzan las iglesias de **Santa Maria di Montesanto** y **Santa Maria dei Miracoli** de Carlo Rainaldi, conocidas como las "iglesias gemelas", aunque sus cúpulas son diferentes.

¿Sabía Ud. que...?

Desde el siglo XV se desarrollaban carreras de caballos sin jinetes entre la Piazza del Popolo y la Piazza Venezia. Tenían lugar en Carnaval y atravesaban toda la Via del Corso. De aquí le viene el nombre a esta famosa calle, ya que "corsa" en italiano significa carrera. Carreras abolidas por el Gobierno italiano en 1883 tras el accidente mortal de un muchacho que fue arrollado al atravesar la calle.

En los siglos XVIII y XIX se realizaban ejecuciones públicas y actualmente es un importante centro de reunión para eventos públicos (mítines políticos, conciertos musicales, etc.). Alberga hasta 30.000 personas lo que hace que sea la preferida de los romanos para dar la bienvenida al Año Nuevo.

SANTA MARIA DEL POPOLO ***

Esta iglesia de la orden de los agustinos es la más representativa del Renacimiento de Roma. En 1099 el papa Pascual II ordenó construir una capilla para agradecer la liberación del Santo Sepulcro donde se creía que fue enterrado Nerón; fue sufragada por el pueblo de Roma, por ello se llamó del Popolo. En 1472 el papa Sixto IV mandó reconstruirla, aunque se desconoce quién fue el arquitecto encargado del proyecto, se le atribuye a Andrea Bregno. Aquí trabajaron los mejores artistas del momento, como Rafael, Pinturicchio y Bernini o Bramante. Su interior alberga extraordinarias obras artísticas.

En la **capilla Cerasi**, junto al retablo de *La Asunción* de Anibal Carracci, se hallan dos de las más importantes obras de Caravaggio: la *Conversión de San Pablo* y la *Crucifixión de San Pedro*. En el altar mayor se encuentra la pintura del siglo XIII conocida como *Madonna del Popolo* y detrás se pueden ver las vidrieras originales del francés Guillame de Marcillat (1509), únicas de esa época en Roma. Una de las capillas más bellas es la de la familia **Della Rovere**, ricamente decorada con frescos de Pinturicchio (1485-89). La **capilla Chigi** fue diseñada por Rafael, se comenzó a construir en 1513 y terminada por Bernini entre 1652 y 1656.

- f.p.
- Piazza del Popolo, 12
- www.agostiniani.it
- L-S: 8.30-9.45 h; 10.30-12.15 h y 16-18 h. D: 16.30-18 h.
- Flaminio
- 88, 95, 120, 150, 490, 491, 495
- Regulares

GASTRONOMÍA

La gastronomía italiana goza de merecida fama internacional y es enormemente variada por su diversidad regional.

La cocina tradicional romana se basa en productos frescos de temporada como verduras y carnes de la región, y pescados de los puertos vecinos. Es sobre todo una cocina de origen popular, de elaboración sencilla y sabrosa. El plato principal es la pasta, pero lo realmente típico de Roma son las recetas con el llamado *quinto quarto*. Así se denominaba a lo que quedaba de las piezas de carne después de que las mejores partes fuesen vendidas a los ricos, es decir, la casquería, que cocinadas con manteca de cerdo, constituían la base de la alimentación popular.

▼ De izquierda a derecha, pizza al horno de leña, spaghetti all'amatriciana, gnocchi y tiramisú.

▌ Vegetarianos, veganos y celíacos

A pesar de que lo expuesto en este apartado pueda llevar a pensar que las opciones para vegetarianos, y sobre todo veganos, son escasas o difíciles de encontrar, no es así. Cada vez existe más información al respecto en Roma y por lo tanto resulta más fácil (▶109) (www.happycow.net/europe/italy/rome/) Lo mismo sucede con las personas celíacas que hallan cada vez más alternativas sin gluten en pasta y pizza.

▌ Pasta

Entre las recetas romanas de pasta están los *spaghetti alla carbonara* con beicon, huevo, pimienta negra molida y pecorino rallado (queso romano de oveja que puede sustituir al parmesano) y los *bucatini all'amatriciana*, *spaghetti* más gruesos y con un agujero en el centro, con tomate, ajo, beicon, cebolla y pecorino rallado. Una receta genuinamente romana son los *rigatoni alla pajata*, pasta gruesa corta cocinada con tripa de cordero lechal, tomate y pecorino rallado. Los restaurantes especializados en pescados suelen ofrecer los *spaghetti alle vongole* (con almejas). No se pueden olvidar los *gnocchi*, pasta de patata y harina que se cocinan según diversas recetas y tradicionalmente se consumen los jueves.

▌ Segundos platos

Algunos de los platos más típicamente romanos son: los *saltimbocca alla romana,* filetes de ternera con jamón y salvia; *l'abbacchio alla scottadito*, cordero lechal al horno que se debe comer bien caliente;

la *coda alla vacinara*, rabo de buey guisado con tomate; la *trippa alla romana*, la versión local de los callos, con pecorino y aromatizados con menta; el *pollo con i peperoni*, pollo con pimientos; y la famosa *porchetta* (cerdo asado), muy típica de los Castelli Romani, sobre todo de Ariccia, adonde acuden los romanos los fines de semana para comerla en alguna de sus *fraschette* (hosterías al aire libre).

❚ Verduras

Las verduras siempre están presentes en la mesa romana. Uno de los platos más famosos procede de la tradición hebrea, los *carciofi alla giudia*, alcachofas a la judía. En otoño probar las *puntarelle*, un tipo de achicoria típica de la campiña romana.

❚ Pizza y fritti

La pizza, aunque es de origen napolitano, está presente en todo el país aunque cada región tiene sus particularidades; en Roma la prefieren con la base muy fina y crujiente. En muchas de las pizzerías de la ciudad suelen preparar también los famosos *fritti romani* (fritos) como entrantes; los más populares son los *filetti di baccalà* (filetes de bacalao rebozado), los *fiori di zucca* (flores de calabacín con anchoas) y los *suppli* (croquetas de arroz rellenas de *mozzarella*).

❚ Vino y licores

En Italia se producen excelentes vinos, de hecho es uno de los principales productores del mundo. En los alrededores de Roma, la principal zona vitivinícola se encuentra en los Castelli Romani y tienen fama sus blancos *Frascati*, *Marino* y *Colli Albani*; también se producen blancos en Montefiascone (provincia de Viterbo) como el conocido *Est Est Est*. En Roma se encuentran excelentes vinos de muchas otras regiones italianas como los tintos de la región toscana de Chianti. Después de la comica es frecuente tomar un licor como la *grappa* (aguardiente), el *limoncello* (fuerte licor de limón) o los *amari* (licores de hierbas).

❚ Dulces

Los dulces más tradicionales son los llamados *maritozzi*, pasteles con azúcar rellenos de nata; en ocasiones llevan pasas y piñones y se trataba de un dulce de Cuaresma, ahora se consumen todo el año. La tarta más "romana" es la *crostata di ricotta*, receta elaborada con requesón y crema pastelera que proviene de la tradición judeorromana. El famoso *tiramisú* se prepara en muchos restaurantes.

IL GHETTO

Esta zona se sitúa **al oeste del Coliseo** y ocupa el rione Sant' Angelo. Sin embargo, la comunidad hebrea de Roma es una de las más antiguas del mundo, ya que se conoce su existencia desde el siglo II a.C. Durante siglos vivieron sin demasiadas restricciones en la zona de Trastevere, hasta que el papa Pablo IV dictó una bula que impedía que los judíos convivieran con los cristianos.

El primer gueto surgió en Venecia y el segundo fue el de Roma, que se estableció junto al Teatro Marcello y la isla Tiberina, donde se producían frecuentes inundaciones. La obligación de vivir dentro del gueto quedó abolida en 1870; en 1888 se demolieron los muros que lo separaban de la ciudad y se inició la reconstrucción de la zona que culminó con la construcción de la **gran sinagoga** (1904).

El edificio, visible desde muchos puntos de la ciudad, combina estilos Art Nouveau y asirio-babilónicos; se visita en parte y además alberga el Museo Ebraico di Roma. Una de las calles más significativas del barrio es Via del Portico d'Ottavia, donde se encuentra el homónimo pórtico romano (siglo I a.C.). Aquí hay negocios kosher y típicas trattorias donde degustar la cocina judeo-romanesca con platos como las famosas alcachofas a la judía (carciofi alla giudia).

▼ Interior de la gran sinagoga de Roma.

I TEATRO DI MARCELLO ★★

Este teatro fue proyectado por Julio César junto al Circo Flaminio y terminado por Augusto, que lo dedicó a la memoria de su sobrino Marcello en el 13 a.C. Realizado en mármol travertino y con una capacidad para 15.000 espectadores, era uno de los teatros más grandes de la antigua Roma, solo superado por el de Pompeyo. Fue abandonado en el siglo V, y se utilizó como cantera para la reconstrucción del puente Cestio; en el siglo XIII pasó a ser una fortaleza, lo que permitió salvarlo del expolio. En el siglo XVI, la familia Savelli mandó edificar a Baldassarre Peruzzi el palacio aún hoy existente sobre las arcadas de la fachada, y en el siglo XVIII el conjunto pasó a la familia Orsini.

Entre 1926 y 1932 se realizaron los trabajos de restauración; se eliminaron edificios adosados y muchas de las superposiciones añadidas durante siglos; salieron a la luz los restos de otras importantes edificaciones romanas como el templo de Bellona (296 a.C.) y el templo de Apolo Sosiano (431 a.C. y restaurado en el 34 a.C.), al que corresponden las tres altas columnas blancas junto a su fachada. Estos templos, junto al Pórtico de Octavia (23 a.C.), comprenden el área arqueológica del Teatro Marcello. En verano, entre las actividades de la Estate Romana, se realizan conciertos de música clásica en esta zona arqueológica.

🕐 11 (A1)
✉ Via del Teatro di Marcello, 44
🌐 www.sovraintendenzaroma.it
🕐 9-19 h en primavera y verano y de 9-18 h en otoño e invierno. Solo se puede ver por el exterior. No es posible entrar.
🎟 La entrada es gratuita.
🚌 C3, H, 30, 44, 63, 81, 95, 170, 628, 780

▼ Ruinas del Teatro di Marcello.

12 (D1)
Piazza Mattei
30, 40, 46, 64, 70, 87, 492

10 (A2)
Isola Tiberina
www.isoladelcinema.com
23, 63, 125, 271, 280

FONTANA DELLE TARTARUGHE ★★

En la Piazza Mattei se alza una de las fuentes más bonitas de Roma. Se trata de la fuente de las Tortugas, realizada entre 1581 y 1588 por Giacomo della Porta y Taddeo Landi. A Landi se deben las figuras de los cuatro efebos de bronce que se yerguen sobre cuatro conchas de mármol africano. En 1658 se añadieron las tortugas, probablemente obra de Bernini. En 1979 una de estas tortugas fue robada lo que hizo que se retirarán las otras tres y fueran sustituidas por copias.

ISOLA TIBERINA ★★

Cuenta la leyenda que la isla se formó cuando los romanos arrojaron al río el grano acumulado por el odiado Tarquinio el Soberbio (siglo VI a.C.). Históricamente este enclave ha estado relacionado con la salud. En 293 a.C. se levantó un templo a Esculapio y en el siglo X, la iglesia de San Bartolomeo se construyó sobre el templo romano y a su pozo se le atribuyeron propiedades curativas milagrosas. En 1582, una orden religiosa fundó un hospital que en la actualidad continúa, el Hospital de *Fatebenefratelli*.

A la isla se puede acceder desde el Ghetto por el Ponte Fabricio, que es el más antiguo (62 a.C.) aún en uso sobre el río y desde el Trastévere por el Ponte Cestio (46 a.C.). Río abajo se encuentra el Ponte Emilo, más conocido como el **Ponte Rotto** (142 a.C.) el puente de piedra más antiguo de Roma.

▲ Isola Tiberina.

EL COLISEO-PALATINO-FORO ROMANO-CAMPIDOGLIO

Simboliza **la Roma Milenaria** que se extiende desde el Coliseo pasando por Campidoglio hasta llegar a la Columna de Trajano a lo largo de los rioni Campitelli, Monti y Trevi donde el enorme Vittoriano rompe esta línea temporal.

I EL COLISEO (IL COLOSSEO) (▶18)   ✱✱

I PALATINO   ✱✱✱

Cuenta la leyenda que la colina del Palatino es el lugar donde Rómulo fundó Roma a mediados del siglo VIII a.C. Las excavaciones arqueológicas han sacado a la luz cabañas de la Edad del Hierro (siglo IX a.C.) y fortificaciones (siglo VIII a.C.), lo que certifica asentamientos humanos desde tiempos inmemoriales. Fue lugar de residencia de la aristocracia romana entre los siglos II y I a.C., y el emperador Augusto lo convirtió en el siglo I d.C. en la sede del poder.

Mandó levantar los primeros palacios imperiales que reformaron y ampliaron sus sucesores de forma cada vez más suntuosa. Los más grandiosos son la *Dumus Flavia* y la *Domus Augustana*, cuya edificación inició Domiciano en el año 81, y junto a la que se construyó también un estadio.

La **Casa de Augusto** junto a la *Casa de Livia* son los edificios mejor preservados del Palatino; en ambas se puede contemplar los fantásticos frescos que

• • • • • • • •

🕐 12 (B1)
✉ Via di S.Gregorio, 30
🕐 Diario de 9 h a una hora antes de anochecer (la taquilla cierra una hora antes)
🎫 El billete es conjunto para Coliseo, Palatino y Foro
ℹ Información y reservas: colosseo.it/area/palatino. Se recomienda comprar la entrada online y con antelación.
🚇 Colosseo
♿ Regulares

· · · · · · · · · ·
🕐 12 (A1)
✉ Piazza del Colosseo
🚇 Colosseo

las decoraban. Junto a la Casa de Livia se encuentra la galería subterránea *Criptopórtico*, obra de Nerón que tenía como fin unir el Palatino con la Domus Aurea. El broche de oro lo pone un paseo por los **Orti Farnesiani**, uno de los jardines botánicos de Europa (siglo XVI) que con vistas al Foro Romano.

I ARCO DE CONSTANTINO ✳

Situado sobre la antigua Via Triumphalis, junto al Coliseo, fue mandado construir en el 315 d.C., es el arco triunfal romano mejor conservado. Se levantó para conmemorar la victoria de Constantino sobre Majencio en la batalla de Puente Milvio.

Sin embargo, algunos estudiosos consideran que fue realizado antes, probablemente en honor de Trajano, y modificado para Constantino. Lo que si es una certeza es que fue construido con el expolio de otros monumentos de distintas épocas: varias esculturas con escenas de la victoria sobre los dacios de la época de Trajano; algunos medallones son del emperador Adriano y otros elementos pertenecen a monumentos en honor de Marco Aurelio.

I FORO ROMANO (▶24) ✳✳✳

· · · · · · · · · ·
🕐 f.p.
✉ Clivo Argentario, 1
🌐 omniavaticanrome.org/it/cards/il-carcer-tullianum
🕐 9-17 h
🚌 44, 46, 84, 190, 780, 781, 810
♿ Regulares

I CÁRCEL MAMERTINA (CARCERE MAMERTINA) ✳

Bajo la iglesia de San Giuseppe dei Falegnami se encuentra la más antigua, y durante siglos, única cárcel de Estado de Roma: el *Tullianum*, más co-

nocida como la Cárcel Mamertina. Fue construida en el siglo IV a.C. sobre la Cloaca Massima. En el nivel inferior se producían las ejecuciones por estrangulamiento y se arrojaban los cuerpos a dicha cloaca. Entre sus prisioneros ilustres están Yugurta, rey de Numidia (106 a.C.) o Vercingetorix, jefe galo vencido por Julio César (49 a.C.). La leyenda dice que estuvo encerrado San Pedro e hizo brotar un manantial en la mazmorra con cuya agua bautizó a dos carceleros. Fue declarado lugar santo en 1726.

▌ MUSEOS CAPITOLINOS (▶29)   ✳✳✳

▌ SANTA MARIA IN ARACOELI   ✳✳

Esta basílica fue construida probablemente en el siglo XI, sobre el templo romano de Juno Moneta y sobre un monasterio griego del siglo VI en el punto más elevado del Capitolio. Desde el siglo XIII hasta el XVIII sufrió muchas transformaciones en las que trabajaron importantes artistas. La primera reconstrucción es obra de Arnolfo di Cambio en 1285, y con posterioridad, Pío IV mandó ampliarla (1564) destruyendo casi por completo los frescos de este. El interior posee tres naves separadas por columnas traídas de edificios antiguos, mientras que el techo está adornado con motivos navales que conmemoran la batalla de Lepanto.

La primera capilla está decorada con frescos de Pinturicchio (1480) y la tumba de *Cecchino Bracci* es obra de Miguel Ángel. La sobria fachada no permite imaginar la riqueza interior de esta iglesia que, sin embargo, es famosa por la imagen del *Santo Bambino*, una figura del siglo XV realizada con madera del huerto de Getsemaní, a la que se atribuyen poderes milagrosos; la figura original fue robada en 1994 y fue sustituida por una réplica. Se evita subir una inmensa escalinata entrando desde la Piazza del Campidoglio por detrás del Palazzo Nuovo.

▌ MONUMENTO A VITTORIO EMANUELE II   ✳✳

Este controvertido monumento, también conocido como el *Vittoriano*, está dedicado a Víctor Manuel II de Saboya, primer rey de la Italia unificada, que aparece representado en el centro sobre una colosal estatua ecuestre de bronce. Su construcción comenzó en 1885 y fue inaugurado en 1911, aunque los últimos trabajos finalizaron en 1935.

En su parte inferior está el Altar de la Patria con la tumba al soldado desconocido y la llama eterna, custodiada por el ejército. En su interior se pueden visitar el Museo Central del Resorgimiento y

- - - - - - - - -

⊙ 5 (D1)
✉ Piazza d'Aracoeli
☎ 06 69763839
⏱ 7-19 h
🚌 40, 44, 46, 63, 81, 95, 160, 170, 175, 204, 628, 715, 716
♿ Regulares

- - - - - - - -

⊙ 5 (D1)
✉ Piazza Venezia
🖥 vive.cultura.gov.it/it
⏱ 9.30-19.30 h. También V-S (verano): 19.30-22.30 h. Última entrada 45' antes.
🎫 Primer D de mes: gratuito.
🚌 44, 46, 84, 190, 780, 781, 810
♿ Buenos

el Museo de las Banderas de las Fuerzas Armadas. Los romanos lo llaman despectivamente "la tarta" o "la máquina de escribir". Cuenta con una terraza panorámica y se puede realizar una visita por sus subterráneos los fines de semana.

❙ COLUMNA DE TRAJANO ★★

Esta columna de mármol, de casi 40 m de altura, fue construida para conmemorar las victorias sobre los dacios de Trajano (113 d.C.). Está decorada con relieves que narran en espiral los distintos episodios de las campañas militares: desde el paso del Danubio, hasta la deportación de los dacios vencidos. Los bajorrelieves, de los que se han contabilizado hasta 2.500 figuras, estaban policromados, pero ya no queda ni rastro del color.

A lo largo del fuste hay 43 ventanas disimuladas entre las esculturas que permiten iluminar la escalera interior de caracol. A la muerte del emperador, sus cenizas fueron depositadas en la base de la columna, pero desaparecieron durante las invasiones barbáricas. En la parte superior había una estatua de Trajano y en 1587 se colocó la actual estatua de San Pedro.

AVENTINO-TERMAS DE CARACALLA-CIRCO MÁXIMO

El monte Aventino, una de las siete colinas de la ciudad de Roma, es conocido por sus bellas iglesias medievales; además en esta zona, que ocupa los rioni de Ripa, Celio y San Saba, destacan dos importantes construcciones de las que en la actualidad solo se conservan ruinas: las Termas de Caracalla y el Circo Massimo y dos enclaves enormemente populares: la Bocca della Verità y la cerradura del priorato de la Orden de los Caballeros de Malta.

❙ FORO BOARIO ★★

La actual Piazza della Bocca della Verità es el lugar donde se encontraba el Foro Boario en la antigua Roma, cuyo nombre venía del mercado de ganado que acogía. En esta zona se encuentran dos templos de la época republicana en muy buen estado de conservación gracias a su consagración como iglesias. El **templo de Portuno**, antiguamente llamado de la *Fortuna Virilis*, que tiene planta rectangular y está dedicado al dios de los ríos y los puertos, probablemente por encontrarse cerca del antiguo Portus Tiberinus. Data del siglo ɪɪ a.C. y en el siglo ɪx fue transformado en la iglesia de *Santa Maria*

▲ Detalle de los grabados de la columna de Trajano.

Egiziaca, patrona de las prostitutas. De planta circular y también es el **templo de Hércules Victorioso**, protector de los comerciantes itálicos que desarrollaban sus actividades aquí. Es el más antiguo de Roma realizado en mármol y en el siglo XVI se transformó en la iglesia de Santa Maria del Sole. La fuente de los Tritores que hay junto a los templos fue construida por Carlo Bizzaccheri en 1715.

I SANTA MARIA IN COSMEDIN ✱✱✱

La iglesia original fue edificada en el siglo VI sobre un antiguo templo de Hércules. El papa Adriano I mandó reconstruirla en el siglo VIII y la encomendó a los monjes griegos refugiados en esta parte de la ciudad; de ellos tomó el nombre de *Santa Maria In Schola Greca*, sin embargo, pronto, debido a su rica decoración interior, fue conocida con el nombre actual que viene de la palabra griega kosmidion (ornamento).

El pórtico, el campanario y nuevos elementos decorativos fueron añadidos entre los siglos XII-XIII y fue restaurada en el siglo XVIII, incorporando una fachada barroca que fue eliminada en la última restauración (1899). Su interior ofrece uno de los más bellos ejemplos de estilo comatesco, principalmente el suelo y también el baldaquino y el coro. La sacristía alberga un mosaico del siglo VIII procedente de la antigua basílica de San Pedro.

En su pórtico se sitúa la famosísima **Bocca della Verità**, de la que se desconoce la procedencia e incluso la antigüedad; probablemente fuera una fuente o parte de una alcantarilla del siglo IV a.C. La tradición medieval cuenta que el mentiroso que introduzca la mano en su boca será mordido.

● 11 (B1)
⊠ Piazza Bocca della Verità, 18
◐ cosmedin.org/contact-us/
● 9.30-17.50 h
▣ 30, 44, 81, 160, 170, 628, C3
♿ Regulares

I CIRCO MÁXIMO (CIRCO MASSIMO) ✱✱

En la actualidad, prácticamente no se conserva más que la explanada sobre la que se asentó el mayor circo de Roma con 620 m de largo, unos 140 m de ancho y una capacidad de alrededor de 250.000 espectadores.

El rey etrusco Tarquinio Prisco (siglo VI a.C.) fue quien ordenó levantarlo y en la época de Julio César se construyeron las primeras gradas y alcanzó su forma definitiva (46 a.C.). Augusto añadió el palco imperial bajo el Palatino y colocó en la parte central (*spina*) el obelisco que hoy se localiza en la Piazza del Popolo. El emperador Constancio II añadió otro obelisco que en la actualidad se encuentra en la Piazza de San Giovanni Laterano.

● 11 (B2)
⊠ Via del Circo Massimo
▣ Circo Massimo

▲ Circo Máximo.

En el recinto se celebraron principalmente carreras de carros hasta el año 549 d.C. y también fue escenario de naumaquias, batallas navales para las cuales se inundaba la pista con las aguas del Tíber.

❙ SANTA SABINA ★★

Fundada en el monte Aventino por Pedro de Iliria (425), es una de las basílicas paleocristianas más antiguas y mejor conservadas de Roma. En 1222 fue cedida por el papa Onorio III a Santo Domingo para establecer la Orden de los Predicadores y en esa época se construyeron el campanario y el claustro. En su interior las naves están separadas por dos series de columnas y en el ábside se perdió el mosaico del siglo v que fue sustituido por un fresco similar de Taddeo Zuccaro (1559).

Sus puertas de madera sí son las originales del siglo v y entre las escenas bíblicas de sus 18 paneles hay una crucifixión, una de las primeras representaciones de este hecho. Desde un agujero en el muro del pórtico exterior se puede ver el jardín del claustro.

❙ PIAZZA DEI CAVALIERI DI MALTA ★

En el Aventino esta tranquila plaza, rodeada de cipreses y decorada con obeliscos y trofeos militares, fue proyectada por Giovan Battista Piranesi en 1765. Toma el nombre de la Orden de los Caballeros de Malta, cuyo priorato se halla en el número 3. Es habitual ver a turistas ante la puerta del priorato esperando su turno para "espiar" a través de su cerradura y así lograr un impresionante vista de San Pedro.

En su interior se halla *Santa María del Priorato*, restaurada por Piranesi, aunque solo puede visitarse con un permiso de la Orden.

- • • • • • • •

🕐 11 (B1)
✉ Piazza Pietro di Illiria, 1
☎ 06 579 401
🕐 M-S: 8-19 h y D-L: 12-19 h
🚌 23, 30, 44, 95, 170, 280
♿ Regulares

- • • • • • • •

🕐 11 (C1)
✉ Piazza dei Cavalieri di Malta
🚇 Piramide, Circo Massimo
ℹ Si se desea visitar, se debe contactar con visitorscentre@orderofmalta.int

UN PASEO A PIE

Por el Celio y el Aventino

Recorrido
4 km

Duración
Unas 2 horas. Parando, cerca de 4 horas.

Punto de partida
San Gregorio Magno. Metro: Colosseo o Circo Massimo. Bus: a la Piazza Colosseo o al Circo Massimo

Fin de Trayecto
Via Marmorata. Metro: Piramide. Bus: 60, 75, 118, 271

Comida
🍴 Da Bucatino (M)
🌐 www.dabucatino.it

I Se parte de la Piazza di **San Gregorio** frente al Palatino, donde se encuentra la iglesia barroca del mismo nombre, construida en el siglo XVI, y se comienza la subida al Celio por Via Clivo di Scauro hasta la plaza de la **basílica di SS. Giovanni e Paolo** (▶72).

Continuar en la misma dirección por Via di San Paolo della Croce, donde se encuentra San Tommaso In Formis junto al arco romano de Dolabella (siglo I d.C.); girar a la derecha y continuar por Via della Navicella.

I **San Tommaso In Formis** es una pequeña iglesia del siglo XIII. Junto a Via della Navicella está Santo Stefano Rotondo (▶72) y en la misma vía, Santa Maria in Domnica (▶72); junto a la iglesia se encuentra la entrada a **Villa Celimontana.**

Recorrer toda la Via della Navicella, girar a la derecha por Via Druso y nuevamente a la derecha en Viale delle Terme de Caracalla, pasando por **SS. Nereo e Achilleo** (siglo IX) y las **Termas de Caracalla** (▶73), hasta llegar al **Circo Máximo** (▶70).

I Continuar por Viale Circo Massimo hasta Piazzale Ugo La Malfa.

En Piazzale Ugo La Malfa se encuentra la entrada al Roseto Comunale, una de las mejores rosaledas de Europa.

I Desde Piazzale Ugo La Malfa, tomar Via Valle Murcia, subir hasta Via Santa Sabina y entrar en los jardines de naranjos situados a la derecha.

Siguiendo la Via Santa Sabina se llega a **Santa Sabina** (▶70) y **SS. Bonifacio y Alessio,** del siglo V.

I Al fondo de la Via Santa Sabina está la **Piazza dei Cavalieri di Malta** (▶70).

Para descender del Aventino, tomar desde la plaza, la Via di Porta Lavernale hasta Via Marmorata; al otro lado de esta vía comienza el barrio **Testaccio** (▶87); hacia la izquierda se llega a la Pirámide Cestia.

▼ Restos de mosaicos de las termas de Caracalla.

🕐 12 (B2)

✉️ Piazza dei Santi Giovanni e Paolo, 13

🌐 basilicassgiovanniepaolo.it

🕐 8.30-1245 y 15-17 h

🚇 Colosseo, Circo Massimo

➕ Visita a las casas romanas: 10-16 h (cerrado martes y jueves). La taquilla cierra una hora antes.

🌐 www.coopculture.it/it/poi/case-romane-del-celio

♿ Regulares

BASILICA DEI SANTI GIOVANNI E PAOLO ✶✶

Según la leyenda, los santos Giovanni y Paolo fueron dos soldados martirizados en su casa en el año 362 bajo el mandato de Juliano el Apóstata. En ese lugar se construyó una iglesia a finales del siglo IV que conserva bastantes partes originales, a pesar de terremotos y el saqueo de los normandos.

En el siglo XII se realizaron obras de restauración en el pórtico, el ábside y el campanario; este se asentó sobre los restos del templo del Divino Claudio, que son visibles en la base de la torre. En el interior están las reliquias de los santos y algunos frescos interesantes del siglo XIII. En excavaciones arqueológicas se encontraron restos de casas romanas del siglo III d.C. con mosaicos y frescos.

🕐 12 (B2)

✉️ Via della Navicella 10

🌐 santamariaindomnica.it

🕐 S, D y festivos: 9-12 h y 16.30-19 h.

🚌 81, 673

♿ Regulares

SANTA MARIA IN DOMNICA ✶✶

Se cree que su nombre deriva de *dominicum*, nombre que se daba a los primeros lugares de culto cristiano porque se fundó en el siglo VII sobre los restos de una construcción romana. Reconstruida por Pascual I, fue renovada en 1513 por el Cardenal Giovanni Medici, el futuro León X, según el proyecto de Sansovino, que realizó el pórtico exterior.

El interior, de planta basilical, está decorado con mosaicos del siglo IX en el ábside y en el arco del triunfo; en el ábside se presenta la Virgen y el niño, los ángeles y el papa Pascual I. También es conocida como *Santa Maria alla Navicella*.

🕐 12 (B2)

✉️ Via Santo Stefano Rotondo, 7

🌐 www.santo-stefano-rotondo.it

🕐 M-D: Nov-mar: 10-13 y 14-17 h. M-D: Abr-oct: 10-13 y 15.30-18.30 h.

🚌 117, 81, 673

♿ Regulares

SANTO STEFANO ROTONDO ✶

Construido entre el 468 y 483, es uno de los templos más antiguo de planta circular de Roma y se cree que está inspirado en la iglesia del Santo Sepulcro de Jerusalén. La construcción primigenia tenía tres pasillos concéntricos con 22 columnas que flanqueaban la zona central, rematada con un tambor de 22 m de alto y de ancho, con 22 ventanas. Contaba con cuatro capillas radiales que conformaban una cruz griega. Durante siglos sufrió algunas transformaciones, pero en el siglo XV se encontraba en estado de semiabandono, por lo que el papa Nicolás V encargó a Bernardo Rossellino su restauración. Se eliminaron tres de las cuatro capillas y se cerraron parte de las ventanas. Más tarde se decoraron las paredes con frescos que representan los martirios.

Posteriormente se halló parte del suelo original. También se han realizado excavaciones arqueológicas, que actualmente continúan, en el subsuelo y ha salido a la luz un Mitreo del siglo II d. C.

∎ TERMAS DE CARACALLA ★★★

Iniciadas por Caracalla en el 212 d.C. e inauguradas en el 217, son uno de los complejos termales más grandes de la antigüedad. Tenían capacidad para unas 1.500 personas y, con algunas reformas, estuvieron en funcionamiento hasta el año 537. Fue entonces cuando los godos destruyeron los acueductos que llevaban el agua a la ciudad. No fueron solo un lugar destinado a baños, saunas y masajes, sino un lugar de entretenimiento y reunión.

Las ruinas dan una idea de la grandeza de estos edificios que estaban ricamente decorados con mármoles, esculturas y mosaicos. Además contaban con galerías subterráneas para su funcionamiento, en una de las cuales se encontró un Mitreo (siglo III d.C). En el siglo XVI, los Farnese las despojaron de casi toda la decoración en mármol para la construcción de su palazzo.

◄ Colina de Cealian y la Basílica Santi Giovanni e Paolo.

🕐 12 (D2)

✉ Viale delle Terme di Caracalla, 52

🌐 www.coopculture.it/it/poi/terme-di-caracalla/

🕐 Del 1 de ene al 28 feb: 9.30-16.30 h; del 1 al 26 mar: 9-17.30 h; del 27 mar al 31 ago: 9-19.15 h; del 1 al 30 sept: 9-19 h; del 1 de oct al últ S de oct: 9-18.30 h y del últ D de oct al 31 de dic: 9-16.30 h.

🚇 Circo Massimo

♿ Regulares (algunos)

▼ Vista aérea de las termas de Caracalla.

TERMINI-PIAZZA DELA REPÚBLICA-VIA VENETO

Está delimitada por la **estación Termini**, la principal estación ferroviaria de Roma y de Italia y muy bien comunicada con el resto de la ciudad a través del metro y del autobús; de **Piazza de la República**, donde destaca en su centro la *Fontana delle Naiadi*, realizada por Mario Rutelli en 1910 que fue todo un escándalo en la época por las figuras desnudas de sus ninfas, parte una de las principales calles de la urbe, la **via Nazionale** con restaurantes y tiendas variopintas. La **via Veneto**, que se extiende desde la Piazza Barberini a Villa Borghese, vivió su época de máxima esplendor en los 60 del siglo XX.

I MUSEO NAZIONALE ROMANO -PALAZZO MASSIMO ALLE TERME ✱✱

En el Palazzo Massimo alle Terme, construido en 1887 y desde 1981 parte del *Museo Nazionale Romano*, se exponen principalmente esculturas que van desde la época republicana hasta el inicio de la época imperial, mosaicos, frescos de Pompeya, Herculano o de la *Casa de Livia* del Palatino, colecciones de orfebrería y una rica colección de numismática.

I SANTA MARIA DEGLI ANGELI E DEI MARTIRI ✱✱

Esta iglesia surge por la transformación de una parte de las *Termas de Diocleciano*, las más grandes de la antigua Roma. Pío IV accedió a las insistentes peticiones del sacerdote Antonio Del Luca para consagrar el lugar, pues según la leyenda, cristianos esclavos murieron construyendo las Termas y unos ángeles se habían aparecido al sacerdote.

El pontífice encargó el proyecto a Miguel Ángel (1563-66), que transformó en iglesia la enorme sala central (el *Frigidarium*) dejando intacta la estructura romana. Los trabajos realizados durante el siglo XVIII a cargo de Luigi Vanvitelli, los que le dan su aspecto actual, pero en la sacristía se expone el proyecto original de Miguel Ángel.

I MUSEO NAZIONALE ROMANO -TERME DI DIOCLEZIANO ✱✱

Las colecciones del *Museo Nazionale Romano* constituyen una de las muestras arqueológicas más importantes sobre la Antigua Roma. Fundado en 1889 para exponer piezas de colecciones comprendidas entre el siglo V a.C. y el III d.C., a lo largo de los años

⊙⊙⊙⊙⊙⊙⊙⊙⊙⊙

- ⊕ 7 (B1)
- ✉ Largo di Villa Peretti, 1
- 🌐 museonazionaleromano. beniculturali.it
- ⊕ M-D: 9.30-19 h (la taquilla cierra 1 h antes).
- ☒ Hay una entrada combinada para todas las sedes.
- 🚇 Termini, Repubblica.
- ♿ Buenos

⊙⊙⊙⊙⊙⊙⊙⊙⊙⊙

- ⊕ 6 (B2)
- ✉ Piazza della Repubblica
- 🌐 santamariadegliangeliroma.it
- ⊕ 10-13 y 16-19 h
- 🚇 Republica
- ♿ Regulares

¿Sabía Ud. que...?

La Porta Pia esconde una pequeña curiosidad. En la decoración de la fachada interna se ve una bacía de barbero con una toalla alrededor de un trozo de jabón. La creencia popular dice que es una broma de Miguel Ángel que quería aludir así al origen de Pío IV de Medici, que al parecer no pertenecía a la famosa familia florentina, sino que era descendiente de barberos milaneses.

ha seguido creciendo. Su exhibición se distribuye en cuatro sedes: **Terme di Diocleziano, Palazzo Massimo alle Terme (▶74), Palazzo Altemps (▶44) y Crypta Balbi (▶48)**.

La sede histórica son las Termas de Diocleziano, el complejo termal más impresionante de la antigua Roma. Dispone de un gran claustro (siglo XVI) perteneciente a la iglesia de *Santa María degli Angeli* (obra de Miguel Ángel) donde se exponen esculturas de distintas épocas. Se centra principalmente en la epigrafía y la protohistoria de los pueblos latinos. En el *Aula Ottogonal* (al otro lado de la iglesia) se exhiben importantes esculturas del complejo termal.

SANTA MARIA DELLA VITTORIA ✳

Perteneciente a los carmelitas descalzos, la iglesia barroca fue construida por Carlo Maderno (1608-1620) y financiada por el cardenal Scipione Borghese. Inicialmente dedicada a San Pablo, cambió su nombre tras la victoria de las tropas católicas en la *batalla de la Montaña Blanca de Praga*.

La fachada fue realizada por Giovanni Battista Soria (1626) y en su interior destaca la capilla Cornaro con una de las obras maestras de Bernini, el grupo escultórico del **Éxtasis de Santa Teresa**.

◀ Éxtasis de Santa Teresa de Bernini en la iglesia romana de Santa Maria della Vittoria.

PORTA PIA ✳

Es una de las puertas de ingreso a Roma a través de las Murallas Aurelianas, que sustituyó a la *Porta Nomentana*. Realizada por Miguel Ángel por encargo del papa Pío IV entre 1561 y 1565, sufrió modificaciones después. Su fama se debe a un importante hecho histórico: el 20 de septiembre de 1870, las tropas de Bersaglieri abrieron una brecha en la muralla, junto a la Porta Pia, y entraron a la ciudad poniendo fin al dominio del pontífice en Roma.

En la plaza se alza el Monumento al Bersagliere y Porta Pia alberga el **Museo Storico dei Bersaglieri**.

🕐 7 (B1)
✉ Viale Enrico de Nicola, 79
📱 museonazionaleromano.beniculturali.it
🕐 M-D: 9.30-19 h (la taquilla cierra 1 h antes). Existe una entrada combinada para las cuatro sedes.
🚇 Termini, Repubblica.
♿ Buenos

🕐 6 (B2)
✉ Via XX Settembre, 17
☎ 06 42 74 05 71
🕐 L-S: 9-12 h y L-D:15.30-18 h
🚌 16, 36, 60, 61, 62, 84, 90, 492
♿ Regulares

🕐 7 (A1)
✉ Piazzale di Porta Pia, 2
☎ 06 486723
🕐 Museo: L-J: 9-13 y 14-15 h y V: 9-11 h.
🚌 36, 60, 61, 62, 84, 90, 401
♿ Regulares

Recorrido
4 km

Duración
Unas 2 horas. 4 horas parando

Punto de partida
Piazza Garibaldi. Bus 115

Fin de Trayecto
Ghetto. Bus 23, 63 Lungotevere Cenci

Comida
 Piperno (C)
www.ristorantepiperno.it

Del Gianicolo al Ghetto

❚ Tomar la Passegiata del Gianicolo, hasta Via Garibaldi y descender por la izquierda. Aquí está la Fontana Paola (1612) y al otro lado, la Academia Española, San Pietro in Montorio y el Tempietto de Bramante (►85). Continuar bajando por Via Garibaldi hasta el final y girar a la derecha por Via della Scala.

Justo a la izquierda queda la Porta Settimiana (1498) sobre las Murallas Aurelianas, que indica el comienzo de Via della Lungara, donde se encuentran el Palazzo Corsini (►82), el Jardín Botánico y la Villa Farnesina (►82). A la derecha se encuentra Santa Maria della Scala (siglo XVI-XVII).

❚ Seguir hasta la Piazza Sant'Egidio, donde está el Museo di Roma in Trastevere (►84) y tomar a la izquierda por Via della Paglia, que desemboca en la Piazza di Santa María in Trastevere. Continuar recto por la Via della Lungaretta y llegar hasta la Piazza Sidney Sonnino.

A la derecha está la **iglesia de San Crisogono** (siglo XII) y al otro lado, la edificación medieval conocida como Torre degli Anguillara (siglo XIII).

❚ Cruzando la plaza, a la derecha se toma la Via Giulio Cesare Santini y siempre recto, Via dei Genovesi hasta llegar a la Piazza di Santa Cecilia, donde está la **iglesia de Santa Cecilia** (►85). Regresar por Via dei Genovesi y a la derecha Via Anicia, después, recto por Via dell'Arco de' Tolomei y Piazza in Piscinula, se llega hasta el Lungotevere degli Anguillara; pasar a la **Isola Tiberina** (►64) por el Ponte Cestio. Pasar el río por el Ponte Fabricio y continuar, junto a la Sinagoga, por Via del Portico d'Ottavia para visitar **Il Ghetto** (►62).

► Plaza de Santa María in Trastevere.

ESQUILINO Y MONTI

Esquilino se sitúa entre la estación Termini y la Piazza Vittorio. Se ha convertido en un emplazamiento multiétnico debido a la presencia de la **Chinatown de Roma**, por los negocios que regentan pakistanís e indios y por sus habituales mercados. A Monti se llega a través de la conocida **vía Cavour**. En la actualidad, entre sus callejuelas medievales llenas de encanto, alberga negocios relacionados con la moda y restaurantes con un toque elegante y chic. Poco queda del barrio popular que fue en un pasado no tan lejano. Cada vez atrae más un turismo que busca lo moderno y alternativo y es uno de los enclaves más populares para disfrutar de la noche.

I FOROS IMPERIALES ★★

Los Foros Imperiales son una serie de ampliaciones del Foro Romano de la época republicana que con el paso del tiempo resultó ser insuficiente para el funcionamiento de la ciudad. Varios emperadores construyeron sus propios foros entre el 43 a.C. y el 112 d.C. El más antiguo es el Foro de César (46 a.C.), junto al que se edificó el Foro de Augusto (2 a.C.). A Vespasiano se debe el templo de la Paz (75 d.C.) que quedó unido a los anteriores foros a través del Foro de Nerva o Transitorio (98 d.C.).

El último y de mayor extensión es el Foro construido por Trajano (112 d.C.), responsable también de los Mercados y de la reconstrucción del Foro de César. Actualmente no es posible tener una visión global de estos foros al estar divididos por la gran avenida construida por Mussolini para conectar el Coliseo con la Piazza Venezia. Los Mercados Trajanos albergan el **Museo de los Foros Imperiales** (▶50) con piezas de los distintos foros.

I SAN PIETRO IN VINCOLI ★★★

Cuenta la leyenda que las cadenas (*vincoli*) que sujetaron a San Pedro cuando estuvo preso en Jerusalén y en la *cárcel Mamertina*, se unieron milagrosamente formando una sola cadena. Esta se conserva en el interior de *San Pietro in Vincoli*, bajo el altar mayor y de ella recibe su nombre. La basílica se construyó en el siglo v, pero fue reconstruida y modificada varias veces, por los papas Sixto IV y Julio II. Su obra maestra es el *Mausoleo de Julio II*, obra de Miguel Ángel, donde se encuentra la imponente escultura del **Moisés**. Realizada en

▲ El Moisés de Miguel Ángel, en San Pietro in Vincoli.

• • • • • • • • • ◀

🕐 12 (A1)
✉ Via dei Fori Imperiali
Una parte de estos foros es visible desde Via dei Fori Imperiali, otra es accesible desde el Foro Romano y una tercera se visita junto al Mercado de Trajano (ver horarios y acceso)
🚇 Colosseo

• • • • • • • • • ◀

🕐 12 (A2)
✉ Piazza di San Pietro in Vincoli
🌐 www.lateranensi.org/sanpietroinvincoli/
🕐 Abr-sep: 8-12.30 h y 15-19 h; oct-mar: 8-12.30 h y 15-18 h
🚇 Cavour
🚌 Regulares

▲ Foro Imperial.

¿Sabía Ud. que...?

En el 352 el papa Liberio soñó que la Virgen le ordenaba construir una iglesia en el lugar donde encontrase nieve, y un 5 de agosto la colina donde hoy se encuentra Santa María la Mayor amaneció nevada. El milagro de la nieve se celebra cada año arrojando pétalos blancos desde el techo de la capilla Paolina.

mármol de Carrara (1514-16) es parte del proyecto para la tumba papal que contemplaba más de 40 estatuas y estaba destinado al Vaticano, pero nunca fue ejecutado. Finalizado por los discípulos de Miguel Ángel, el mausoleo se redujo a una fachada con seis nichos para las esculturas; las figuras de Lía y Raquel a ambos lados de Moisés, también son obra de Miguel Ángel.

▌ DOMUS AUREA ✱✱

Tras el incendio del 64 d.C. que destruyó gran parte de Roma, Nerón mandó edificar un nuevo palacio de enormes dimensiones y con una ostentosa decoración que incluyó oro y piedras preciosas como materiales, de donde deriva su nombre. Los sucesivos emperadores trataron de borrar cualquier resto de este palacio; se expoliaron sus riquezas y fue enterrado para construir las termas de Tito y Trajano.

Así fue como sus frescos quedaron enterrados hasta que fueron descubiertos en el Renacimiento. Sus motivos fueron fuente de inspiración para artistas de la época dando origen a las llamadas pinturas *grottesche*.

▌ SANTA PRASSEDE ALL' ESQUILINO ✱✱

Fue construida por el papa Pascual I en el siglo IX, sobre un templo del siglo V, para albergar los restos de Santa Pudenziana y Santa Prassede. Es reconocida por los espléndidos mosaicos, del siglo IX, que decoran su interior: en el ábside aparecen Cristo con las santas Pudenziana y Prassede junto a San Pablo y San Pedro y a la izquierda aparece el papa Pascual con un halo cuadrado, lo que indica que estaba vivo cuando se realizó el mosaico.

Mientras que la **capilla de San Zenón**, el monumento bizantino más importante de Roma, está totalmente revestida de bellos mosaicos y fue construida por Pascual I como mausoleo para su madre Teodora. Además, la iglesia conserva una parte del pilar sobre el que fue flagelado Cristo.

- 7 (D1)
- Via di Santa Prassede, 9
- santaprassede.wordpress.com
- L-S: 10-12 h y D: 10-11 h. L-D: 16-18 h
- Termini, Vittorio Emanuele, Cavour
- Regulares

I SANTA PUDENZIANA AL VIMINALE ★★

Es una de las iglesias más antiguas de la ciudad. Fue edificada sobre la casa romana del Senador Pudente, donde se dice que se alojó San Pedro. A mediados del siglo II d. C. se construyeron unas termas que a finales del siglo IV-principios del V, se transformaron en una basílica dedicada a Santa Pudenziana.

A lo largo de los siglos ha sido restaurada y transformada por varios pontífices; Inocencio III incluyó el magnífico campanario románico (siglo XIII). La fachada (siglo XIX) conserva un fresco del siglo XI de las Santas Pudenziana y Prassede y en su interior, el ábside cuenta con un fantástico mosaico del siglo IV, uno de los más antiguos de Roma, desgraciadamente dañado en una restauración del siglo XVI.

- 6 (C2)
- Via Urbana, 160
- www.stpudenziana.org
- 9-11.30 h. D: cerrado.
- Cavour, Termini
- Regulares

I BASÍLICA DE SANTA MARÍA LA MAYOR (SANTA MARIA MAGGIORE) ★★★

Forma parte de las cuatro basílicas mayores y es la única que mantiene la estructura original del siglo V. La fachada fue realizada en el siglo XVIII por Ferdinando Fuga que conservó los **mosaicos** del siglo XIII y el campanario medieval (siglo XIV), el más alto de Roma.

El interior posee tres naves con dos filas de grandes columnas jónicas de mármol y el pavimento en estilo cosmatí (1288). Los mosaicos son el elemento más destacable de la basílica: datan del siglo V, los de la nave central con escenas del Antiguo Testamento y los del arco triunfal con escenas de la vida de Jesús; el mosaico del ábside fue realizado en 1295 por Jacopo Torriti y representa la Coronación de la Virgen.

El artesonado del techo (siglo XV) es obra de Giuliano Sangallo y cuentan que se realizó con el primer oro que llegó de América. En la nave derecha se encuentra la **Capilla Sixtina** o del Santísimo Sacramento (1585-1590), construida para Sixto V

- 7 (C1)
- Piazza Santa Maria Maggiore
- 7-19 h. La última entrada media hora antes del cierre.
- www.vatican.va/various/basiliche/sm_maggiore/index_it.html
- Termini, Cavour
- Buenos

por Doménico Fontana y que contiene la tumba del papa.

En el lado opuesto está la **Capilla Paolina** o Borghese (1605-1611), obra de Flaminio Ponzio ordenada por Pablo V; en su rica decoración trabajaron algunos de los mejores artistas de la época.

▌SAN CLEMENTE   ★★★

La basílica está dedicada a la vida de San Clemente, uno de los primeros papas de la cristiandad (88-97 d.C.) y en su interior se recogen tres períodos de la historia de Roma. La iglesia originaria fue construida en el siglo IV sobre una casa romana (siglo III) y fue prácticamente destruida por los normandos en 1084. El papa Pascual II mandó reedificarla en 1108 construyendo un nuevo templo y en la actualidad la que se contempla es la del siglo XII con algunas aportaciones de Carlo Stefano Fontana en el siglo XVIII como su fachada barroca.

El interior posee un espléndido pavimento original de estilo comatesco casi íntegro y del mismo estilo es un cirial, ambos datan del siglo XII. El cirial se sitúa junto al coro que es uno de los más antiguos de Italia y uno de los pocos elementos que se conservó de la iglesia originaria.

El **ábside** está decorado con un magnífico mosaico de influencia bizantina que representa el *Triunfo de la Cruz* (siglo XII). También interesantes son los frescos de la **capilla de Santa Caterina**, obra del florentino Masolino (siglo XV). Bajando por una escalera desde la sacristía se accede a un segundo nivel con los restos del edificio del siglo IV.

Aquí se conservan frescos que narran escenas de la vida de San Clemente realizados entre los siglos XI y XII; tienen la particularidad de poseer algunas inscripciones en lengua "vulgar" que constituyen unos de los primeros ejemplos del idioma italiano.

Otra escalera conduce a un tercer nivel donde se encuentran los restos de una casa romana; en su *triclinium* se alza un **altar a Mitra** con un relieve del dios matando a un toro (siglo III d.C.). En este mismo nivel, del lado opuesto, se encontró en 1938 una pequeña catacumba con 16 nichos del siglo V.

▌SANTI QUATTRO CORONATI   ★★

El nombre de esta iglesia hace referencia a cuatro soldados martirizados en tiempos de Diocleciano por negarse a adorar a un dios pagano, y cuyas reliquias se conservan bajo el altar mayor. Construida en el siglo IV, sufrió varias transformaciones y los norman-

∙∙∙∙∙∙∙∙∙∙

🕐 12 (A1)
🏠 Via San Giovanni in Laterano
🌐 basilicasanclemente.com
🕐 L-S: 9-12.30 y 14-18 h. D y fes: 12-18 h
🚇 Colosseo
♿ Regulares
ℹ️ Para acceder a las excavaciones arqueológicas, es necesario reservar online. El número de entradas es limitado. No es una visita accesible.

∙∙∙∙∙∙∙∙∙∙

🕐 12 (A2)
✉️ Via dei Santi Quattro Coronati, 20
☎️ 06 70 47 54 27
🕐 Basílica: 6.30-12.45 h y 15.30 a 20 h. Oratorio de San Silvestre: 9.30-12.15 h. Claustro: no accesible.
🚌 85, 117, 186, 650, 850
♿ Regulares

dos la destruyeron casi totalmente en 1084, por lo que Pascual II mandó reconstruirla (1111), aunque con unas dimensiones algo menores.

Durante siglos fue el baluarte defensivo para los papas que habitaban el palacio Laterano. A finales del siglo XII se añadieron el monasterio, el claustro que conserva en el centro una fuente del siglo XI, y el oratorio de San Silvestre; aquí están los magníficos **frescos** (1246) que narran la leyenda de la conversión al cristianismo del emperador Constantino, que legitimó el poder papal en la ciudad. Su interior está decorado con frescos entre los que sobresalen los de la **capilla de Santa Bárbara** de los siglos IX y XIII.

▪ SAN JUAN DE LETRÁN (SAN GIOVANNI IN LATERANO) (▶26) ✦✦✦

▪ SANTA CROCE IN GERUSALEMME ✦

Se atribuye la creación de esta iglesia a la madre de Constantino, Santa Elena, que ordenó su construcción en el 312 para contener las reliquias de la Pasión de Cristo traídas de Jerusalén, lo que la ha convertido durante siglos en un importante centro de peregrinación.

La **capilla de las reliquias** contiene un fragmento de la cruz, un clavo, parte del recuadro INRI, dos espinas de la corona, fragmentos del Santo Sepulcro y el dedo de Santo Tomás, entre otros objetos. En su interior destaca el pavimento comatesco, los frescos medievales y los frescos del ábside con la *Storia della vera croce*, realizados por Antoniazzo Romano (siglo XV).

En el huerto del monasterio se han encontrado los restos de una residencia de los emperadores y el llamado **Anfiteatro Castrense** (218-222 d.C.).

TRASTEVERE-TESTACCIO

Desde hace unos años, Trastevere es un barrio en plena moda y atrae a muchos turistas. En él nació la ciudad y se desarrolló el pueblo romano, por eso este *rione* está considerado su corazón. Su encanto se percibe al caminar a lo largo de sus calles y callejuelas sobre el pavimento adoquinado, admirando la presencia noble de sus edificios y viviendo su notable gastronomía y **vida nocturna**. El arte da la bienvenida desde las calles en forma de **murales** y algunos edificios se han reconvertido en museos como el antiguo matadero.

🕐 f.p.
✉ Piazza Santa Croce in Gerusalemme
🏠 www.santacroceroma.it
🕐 L-V: 8-12.45 y 15.30-19.30 h. S-D y fes: 8-20 h
🚇 Manzoni o San Giovanni
♿ Regulares

▼ El Trastevere es uno de los barrios más pintorescos de Roma.

· · · · · · · · · ·

📷 4 (D1)
✉ Via della Lungara, 230
🔗 www.villafarnesina.it
🕐 L-S: 9-14 h. Abierto
  segundo D de mes: 9-17 h.
🚌 23, 125, 271, 280
♿ Regulares

I VILLA FARNESINA ✸✸

El banquero sienés Agostino Chigi encargó en 1508 a Baldassarre Peruzzi la construcción de esta villa que fue decorada por el propio Peruzzi, Sebastiano del Piombo, Rafael y algunos de sus discípulos. En 1590 fue comprada por el cardenal Alejandro Farnese, de quien le viene el nombre de Farnesina para distinguirla del Palazzo Farnese al otro lado del Tíber. Posteriormente la Villa pasó a los Borbones y en 1927 fue adquirida por el Estado italiano.

En su interior destacan sus **frescos**; en la planta baja, la *Loggia de Psique* fue realizada por los discípulos de Rafael en base a diseños del maestro; en la sala contigua, junto al *Polifemo* de Sebastiano del Piombo, se halla el fresco de Rafael el *Triunfo de Galatea* y en el techo, Peruzzi diseñó varias escenas astrológicas con la posición de los planetas en el momento del nacimiento de Agostino Chigi.

En la planta superior está el **Salon delle Prospettive** en el que los frescos de Peruzzi crean la ilusión óptica de estar asomado a una ventana con columnas sobre una vista de la Roma del siglo XVI.

· · · · · · · · · ·

📷 9 (A2)
✉ Via della Lungara, 10
🔗 www.barberinicorsini.org
  web.uniroma1.it/
  ortobotanico/
🕐 10-19 h. Cierra M (la taquilla
  cierra una hora antes).
  Primer D de mes gratuito.
  Se recomienda reservar.
  Jardín botánico: L-D: 9-
  18.30 h. Última entrada una
  hora antes.
🚌 23, 125, 271, 280
♿ Buenos

I GALLERIA NAZIONALE D'ARTE ANTICA
-PALAZZO CORSINI ✸✸

Construido para el cardenal Riario, sobrino del papa Sixto IV (1512), entre sus muros se han hospedado ilustres personajes como Bramante, Miguel Ángel, Erasmo y Cristina de Suecia, que vivió aquí entre 1659 y 1689. En 1712, año de la elección del papa Clemente XII, fue adquirido por la familia Corsini y en 1883 se vendió al Estado junto a la colección de arte del cardenal Neri Corsini y la biblioteca.

Actualmente es una de las dos sedes de la *Galleria Nazionale d'Arte Antica* junto con el *Palazzo Barberini*. Comprende pinturas del siglo XIV al XVIII, esculturas antiguas y modernas, bronces y muebles del setecientos. Entre sus obras maestras destacan la *Madonna con el niño* de Murillo, *El Juicio Universal* de Fra Angelico, *San Juan Bautista* de Caravaggio, *Madonna della Paglia* de Van Dyck, o *San Sebastián curado por los Ángeles* de Rubens. Sus jardines conforman el **Jardín Botánico** de Roma.

· · · · · · · · · ·

📷 9 (A1)
✉ Passeggiata del Gianicolo
🚌 115, 870

I GIANICOLO ✸✸

Desde la colina del Gianicolo, situada junto al Trastévere, se disfruta de las mejores vistas de la ciudad. Su importancia defensiva viene asociada a Giuseppe Garibaldi que, en 1849 resistió heroicamente con sus tropas, durante semanas, el ataqué de un ejército francés muy superior. En recuerdo, en la plaza que

UN PASEO A PIE

La Via Appia Antica

Recorrido
3 km hasta la tumba de Cecilia Metella. Paseo de más de 10 km hasta Casal Rotondo.

Duración
Unas 2 horas.

Punto de partida
Porta di San Sebastiano; bus 118

Fin de trayecto
Via Cecilia Metella; bus: 660. Para el segundo trayecto, Via de Casal Rotondo; bus 664

Información
www.parcoarcheologicoappiaantica.it

Comida
Appia Antica Caffè
www.appiaanticacaffe.it

Garden Ristò
www.gardenristo.net

▮ Este paseo es mejor realizarlo el domingo, pues el primer tramo transcurre por una carretera sin acera que los días festivos tiene restringido el tráfico.

Desde la Porta San Sabastiano se toma la Via Appia Antica.

▮ Pasado el Centro de Información para visitantes, a la izquierda está la iglesia de San Maria in Palmis, más conocida como del **Domine Quo Vadis.** Frente a la iglesia se ve una construcción circular que corresponde al sepulcro de la noble romana Priscilla.

Siempre sobre la Via Appia, se deja a la derecha la Via Ardeatina y se llega al ingreso de las Catacumbas de San Calixto, mientras que tomando la anterior vía se va hasta las *Fosse Ardeatine.*

▮ Desde aquí se puede regresar por Via delle Sette Chiese a la Via Appia Antica, encontrando a la derecha la basílica de San Sebastiano.

Frente a San Sebastiano están las **Catacumbas Hebreas de Luigi Canina** y unos 200 m más allá se encuentra el **Mausoleo di Romolo** (siglo IV).

▮ Detrás de esta tumba se ven las ruinas del **Estadio y la Villa Imperial de Majencio.** Poco después aparece la **tumba** de planta circular de **Cecilia Metella** (50 a.C.), y los restos del **Castello dei Caetani.** Frente a la tumba se encuentra construida la pequeña **iglesia de San Nicola** (siglo XIII).

El paseo termina en el cruce con la Via Cecilia Metilla o se puede continuar por la Via Appia Antica.

▮ Desde la tumba de Cecilia Metilla, pasando el cruce con Via di Tor Carbone, gran parte del pavimento es el original de romano. En esta parte se ven también restos de acueductos y de la Villa dei Quintili (siglo II d.C.).

Girando a la izquierda por la Via Casal Rotondo se puede tomar el autobús cerca de la Via Appia Nuova para regresar a la ciudad.

▲ Mosaicos de Santa Maria in Trastevere.

lleva su nombre, se alza la gran estatua ecuestre de Garibaldi con el lema "Roma o Morte". Además, desde 1904, se efectúa todos los días a las 12 en punto una salva de cañón. En la plaza contigua se halla la estatua a caballo de Anita Garibaldi, la compañera brasileña del héroe que está enterrada bajo el pedestal.

La colina forma parte de un frondoso parque (*Passeggiata del Gianicolo*), fresco y tranquilo, donde se pasea entre las estatuas de los héroes que defendieron la II República Romana y un lugar estupendo para llevar a los niños, pues suelen organizarse espectáculos de títeres.

I MUSEO DI ROMA IN TRASTEVERE ✱

Su sede es el antiguo monasterio de Carmelitas Descalzas de Sant'Egidio (siglo XVII), detrás de Santa Maria in Trastevere. La exposición muestra los aspectos más significativos de la vida popular romana en los siglos XVIII y XIX a través de pinturas, grabados, dibujos y acuarelas. Se han recreado seis escenas costumbristas, a tamaño real y con figuras de cera, de la vida romana del siglo XIX.

Cuenta con un belén ambientado en la Roma del siglo XIX y expone las pertenencias y enseres del gran poeta romano Trilussa.

- 🕐 10 (A1)
- ✉ Piazza Sant'Egidio 1/b
- 🌐 museodiromaintrastevere.it
- 🕐 M-D: 10-20 h
- 🚌 H, 23, 280, 630 y 8bus
- ♿ Buenos

I SAN PIETRO IN MONTORIO ✱✱

La primera iglesia se edificó en el siglo XII en el lugar donde según la tradición fue crucificado San Pedro, aunque la crónica histórica habla del circo de Nerón en la colina Vaticana.

A finales del siglo XV se construyó un nuevo templo por encargo de los Reyes Católicos de España. En su interior, con nave única, estuvo la *Transfiguración de Rafael*, hoy en el Vaticano; las capillas

- 🕐 10 (A1)
- ✉ Piazza S.Pietro in Montorio, 2
- 🌐 www.sanpietroinmontorio.it
- 🕐 Iglesia: 8.30-12 h y 15-16 h; festivos 8.30-12 h
- 🕐 Tempietto: M-V: 17-20 h y S-D: 10-18 h.
- 🌐 Información sobre el tempietto: www.accademiaspagna.org
- 🚌 44, 75,115, 710, 870
- ♿ Regulares

laterales son obra de Volterra y Vasari; en la llamada *Capella Borgherini* se encuentran las pinturas murales de la *Flagelación de Sebastiano* del Piombo, realizadas con diseños de Miguel Ángel y la capilla *Raymondi* es obra de Bernini. En el claustro contiguo se encuentra el famoso **Tempietto** circular realizado por Bramante (1502-1510), también por encargo de los monarcas españoles, en el lugar donde se alzó la cruz del apóstol. Está considerado como el máximo ejemplo de la arquitectura clásica del Renacimiento por su perfección geométrica, su elegancia y su pureza de líneas.

‖ SANTA MARIA IN TRASTEVERE ★★★

Esta basílica es probablemente la más antigua de Roma, pues cuenta la historia que el papa San Calixto creó aquí el primer templo cuando el cristianismo era todavía un culto minoritario. Fue construida por Julio I en forma basilical en el siglo IV, aunque la iglesia actual es fruto de la reconstrucción que se hizo en el siglo XII utilizando materiales de las termas de Caracalla. Tanto el interior como el exterior están decorados con magníficos **mosaicos** (siglos XII y XIII), con distintas escenas de la Virgen; también el campanario (siglo XII) cuenta con un pequeño mosaico en la parte superior.

En la capilla Altemps, a la izquierda del ábside, está la imagen de la Madonna della Clemenza, (siglo VII). La plaza frente a la iglesia es centro de reunión del Trastevere, una animada zona llena de bares y restaurantes. En el centro hay una fuente octogonal obra de Carlo Fontana (1692).

‖ SANTA CECILIA IN TRASTEVERE ★★

La basílica fue construida en el siglo IX sobre la casa que parece perteneció a Santa Cecilia, la patrona de

- ⊙ 10 (A1)
- ✉ Piazza S. Maria in Trastevere
- 🕐 santamariaintrastevere.it
- ⊙ 7.30-20.30 h. V a partir de las 8.30. En ago, S y D cierra a las 20 h.
- 🚌 H, 23, 280, 630 y 8bus
- ♿ Regulares

- ⊙ 10 (B2)
- ✉ Piazza di Santa Cecilia, 22
- 🕐 benedettinesantacecilia.it
- ⊙ Basílica, excavaciones y cripta: L-S: 10-12.30 y 16-18 h. También se pueden visitar los frescos de Cavallini
- 🚌 23, 280, 630
- ♿ Regulares

▲ Iglesia de Santa Maria de Cecillia.

la música. A la iglesia original se añadieron en los siglos XII y XIII el pórtico, el campanario y el claustro del convento. Bajo el altar mayor se encuentra la **tumba de Santa Cecilia**, que contiene la célebre escultura obra de Stefano Maderno (1600); se dice que este reprodujo la figura tal como fue encontrado el cuerpo de la santa tras abrir la tumba en 1599.

En el convento contiguo se puede contemplar el fantástico fresco del *Juicio final* de Pietro Cavallini (1289-93), la obra más significativa de la pintura romana del siglo XIII. Las excavaciones en los niveles inferiores han sacado a la luz restos de casas romanas que conservan algunos mosaicos.

🕐 10 (B2)
✉ Piazza San Francesco d'Assisi, 88
🌐 sanfrancescoaripa.it
🕐 7.30-12.30 h y 16-19.30 h
🚌 H, 23, 280, 630 y 🚋 8
♿ Regulares

▌ SAN FRANCESCO D'ASSISI A RIPA   ✱

Esta iglesia se construyó sobre un templo del siglo X dedicado a San Biagio, en cuyo monasterio benedictino vivió San Francisco de Asís. De estilo barroco, la construcción actual fue iniciada por Onorio Longui en 1603 y finalizada por Mattia de Rossi en 1685, responsable de su fachada.

Destaca la capilla Paluzzi-Albertoni que alberga una de las obras maestras de Gian Lorenzo Bernini, la estatua de la *Beata Ludovica Albertoni* (1671-75). Fue un encargo del cardenal Paluzzi, sobrino de Clemente X y recuerda mucho al *Éxtasis de Santa Teresa* del mismo autor.

▪ TESTACCIO ✱

Este barrio constituye una de las zonas preferidas por los habitantes de Roma para divertirse. Está repleto de restaurantes, bares y discotecas, y también cuenta con una buena oferta cultural. Su nombre viene del **Monte Testaccio**, una colina artificial formada por millones de fragmentos de ánforas (*testae*).

En época romana se descargaban en el vecino puerto fluvial las ánforas con vino y aceite y fueron acumuladas desde el siglo I a.C. a mediados del siglo III d.C. Numerosos fragmentos llevaban el sello de procedencia del aceite de oliva de la Betica (Andalucía).

- 10 (D2)
- Area entre Via Marmorata y Lungotevere Testaccio
- Piramide
- 3, 23, 30, 75, 170, 280, 716, 781

▪ EL MATADERO (IL MATTATOIO) ✱

En 1890 abría en Testaccio uno de los mataderos (*mattatoio*) más grandes de Europa que estuvo en funcionamiento hasta 1975.

Concebido por Gioacchino Ersoch es una excelente muestra de arquitectura industrial de fines del XIX por su modernidad y originalidad de su estructura.

Siguiendo el espíritu de la zona, que aboga por la recuperación de construcciones similares con fines culturales, en 2002 a *MACRO* le asignaron dos pabellones del conjunto para el desarrollo y difusión del arte contemporáneo. En 2003 inició sus exposiciones como una sede del Museo d'Arte Contemporanea de Roma, actividad que cesó bajo ese nombre en 2018. Sin embargo, **MACRO (▶91)** sigue su labor en su sede en el barrio de *Salario* hacia el norte.

En la actualidad bajo la denominación de **Matadero (Mattatoio)** se posiciona como un espacio de investigación y producción artística y cultural, que refleja la contemporaneidad de la Roma.

- 10 (D2)
- Piazza Orazio Giustiniani, 4
- www.mattatoioroma.it
- M-D: 11-20 h
- 75, 83, 170 Laurentina
- Buenos

▪ PORTA SAN SEBASTIANO ✱✱

Conocida en la antigüedad como Porta Appia por ser la entrada a la ciudad desde la vía homónima, es la mayor y mejor conservada de las puertas en las *Mura Aureliane* del siglo III d.C.

El emperador Honorio la transformó (siglo V) dejando una sola entrada y ampliándola en altura; por el interior está unida al *Arco de Druso* (siglo III d.C.) que formaba parte del acueducto. En la época cristiana pasó a llamarse *Porta de San Sebastiano* porque la Via Appia conducía a la basílica y las catacumbas del santo.

Acoge el **Museo delle Mura**, con maquetas de las fases de construcción. Desde aquí se puede acceder a un tramo del camino de ronda sobre las murallas.

- f.p.
- Via di Porta San Sebastiano, 18
- www.museodellemuraroma.it
- M-D: 9-14 h (la taquilla cierra 30' antes)
- Entrada gratuita
- Piramide 118, 218
- Malos

Fuera del centro de Roma

Si bien la mayoría de los atractivos turísticos de la ciudad se sitúan en en el centro de Roma, no hay que olvidar que estrictamente hablando la **Ciudad del Vatiano** se localiza en la parte oeste y esto se ve claramente cuando se decide ir caminando desde la Roma más fotografiada con la Fontana de Trevi, el Panteón o Plaza de España a la cabeza hasta la sede papal. Asimismo algunos lugares interesantes tanto desde el punto de vista de la historia como de la innovación, de la reconversión y del ocio se sitúan al norte en *quartieri* como *Parioli, Flaminio, Pinciano* -con **Villa Borghese**- y *Salario* -con mucho arte y cultura en sus límites; al este, en *Tiburtino* -con la zona universitaria de San Lorenzo o el moderno Pigneto como puntos significativos- o al sur en *Europa* u *Ostiense* -un buen destino para organizar una jornada de cultura y ocio en familia alejada del turismo masificado.

ROMA OESTE-EL VATICANO

En la parte oeste de Roma se sitúa uno de sus grandes alicientes: El Vaticano. Este país soberano de 44 ha y algo menos de 1.000 habitantes es un centro de peregrinación para millones de fieles católicos y uno de los lugares imprescindibles en la ciudad. En el barrio *Aurelio*, en las proximidades de la *Mura leonine* y de la *Mura aureliane*, se encuentran los Museos Vaticanos y Capilla Sixtina (▶30) y en la zona conocida como Città del Vaticano, la Basílica de San Pedro (▶32), a la que se entra gratis. A pesar de situarse en *rioni* distintos, estas atracciones se localizan a alrededor de un kilómetro de distancia. Al oeste de Roma, en el *rione Borgo*, se ubica otro de sus enclaves imprescindibles de la ciudad: el Castel Sant' Angelo (▶25) al que se accede desde la orilla este de Roma a través del Ponte Sant' Angelo.

▲ Dos de los ángeles que flanquean El Ponte Sant'Angelo.

▌ PONTE SANT'ANGELO   ******

En la antigüedad se conocía como Ponte Elio y se construyó bajo el mandato del emperador Adriano en el 134 d. C. para conectar su mausoleo con la ciudad. Durante la Edad Media fue el lugar de paso

🚇 3 (B2)
✉ Ponte Sant'Angelo
🚌 23, 34, 40, 62, 280, 982

para los peregrinos que visitaban San Pedro. El pontífice Clemente VII mandó reformarlo y añadir las estatuas de San Pedro y San Pablo (1535) y Clemente IX ordenó otras reformas y añadió las estatuas de los ángeles (1667) realizadas por Bernini.

Dos de los ángeles, los atribuidos a Bernini, fueron considerados por el papa demasiado bellos para permanecer a la intemperie por lo que hoy se conservan en el interior de la iglesia de **Sant'Andrea delle Fratte**. Esta iglesia es obra de Borromini, eterno rival de Bernini. El actual puente fue construido entre los siglo XVII y XIX, pero los arcos centrales pertenecen al puente de Adriano.

ROMA NORTE-VILLA BORGHESE

En el norte de Roma destacan nuevas construcciones contemporáneas destinadas a acoger manifestaciones culturales con el Auditórium Parco della Musica y el MAXXI a la cabeza en los quartieri *Parioli* y *flaminio*; la sede del museo MACRO en *Salario* y en *Pinciano*, otro de los imprescindibles de Roma, la Galería Borghese dentro de Villa Borghese.

I MAXXI ✶✶

El **Museo Nacional de las Artes del Siglo XXI-MAXXI** es el primer museo nacional italiano centrado en la creatividad contemporánea. Inaugurado en 2010, se ubica en un impresionante e innovador edificio que fue proyectado por Zaha Hadid y alberga muestras de arte y arquitectura, proyectos de diseño, fotografía, moda, muestras cinematográficas

- f.p.
- Via Guido Reni, 4A
- www.maxxi.art
- M-D: 11-19 h. La taquilla cierra 1 h antes.
- 53, 168, 280, 910
- Buenos

y actuaciones teatrales y de danza. Su colección permanente comprende la obra de Anish Kapoor, Sol Lewitt y Maurizio Mochetti y convive con exposiciones temporales. Además cuenta con un auditorio, un centro de investigación con biblioteca y archivos, una librería, una cafetería y un bar-restaurante.

▮ MUSEO NAZIONALE ETRUSCO DI VILLA GIULIA   ★★★

- 🕐 f.p.
- ✉ Piazzale di Villa Giulia, 9
- 🏠 www.museoetru.it
- 🕐 M-D: 9-20 h (la taquilla cierra 1 h antes)
- 🎫 Primer D de mes gratuito
- 🚋 Tranvías: 2, 3 y 19
- ♿ Buenos

La villa, que alberga el Museo Nacional Etrusco, fue construida para el papa Julio II como residencia estival entre 1550 y 1555. En su construcción participaron los artistas más importantes de la época como Vasari, Vignola, Miguel Ángel o Ammannati. Siguió el modelo de villa suburbana romana, y está compuesta por varios patios, jardines y un ninfeo decorado con mosaicos, estatuas y fuentes. En 1889 se convirtió en la sede del museo etrusco que expone colecciones provenientes principalmente de la Etruria Meridional, es decir, del Alto Lazio y Umbría, entre el Tíber y el mar Tirreno. Entre las obras más significativas está la estatua del *Apolo de Veio* (siglo VI a.C.) o el **Sarcófago de los esposos** en terracota pintada, encontrado en la necrópolis de Cerveteri (siglo VI a.C.). Asimismo destaca la colección *Castellani* que comprende algunas joyas extremamente significativas para el estudio de la orfebrería etrusca.

▮ GALLERIA D'ARTE MODERNA E COMTEMPORANEA   ★★

- 🕐 f.p.
- ✉ Viale delle Belle Arti, 131
- 🏠 lagallerianazionale.com
- 🕐 M-D: 9-19 h (la taquilla cierra 45' antes)
- 🎫 Primer D de mes gratuito: se debe reservar en su web.
- 🚌 61, 89, 160, 490, 495 y M. Tranvía: 3 y 19
- ♿ Buenos

Creada en 1881 con sede en el *Palazzo delle Esposizioni*, en 1913 pasó a su actual edificio, de inspiración neoclásica y gusto Liberty, realizado por Cesare Bazzani con motivo de la Exposición Universal (1911). La colección exhibe importantes obras pictóricas y esculturas desde el siglo XIX a nuestros días, principalmente de artistas italianos.

En sus salas dedicadas al siglo XIX se pueden ver obras de maestros como Canova, Camuccini, Boldini o Medardo Rosso, y también trabajos de artistas extranjeros como Rodin, Coubert, Degas, Van Gogh, Cézanne o Monet. En las salas del siglo XX están representados los principales artistas italianos: Modigliani, Balla, De Chirico, Guttuso, Fontana, Manzoni, Guerrini o Bucarelli. Sus fondos se han completado con la adquisición de importantes obras contemporáneas de Mondrian, Moore, Klimt, Tàpies o Pollock.

▮ MUSEO CIVICO DI ZOOLOGIA   ★

- 🕐 f.p.
- ✉ Via Ulisse Aldrovandi, 18
- 🏠 museocivicodizoologia.it/es
- 🕐 M-D: 9-19 h
- 🚌 52, 53, 95, 217, 910 y 🚋 19
- ♿ Buenos

Situado junto al Bioparco, el zoo de la ciudad, está ubicado en Villa Borghese. En su instalaciones recrea la biodiversidad en los distntos ecosistemas de nuestro planeta gracias a una colección de más de cinco millones de ejemplares desde pequeñas conchas o insectos al esqueleto de una ballena de 16 m.

ı GALLERIA BORGHESE ★★★

Situado en **Villa Borghese**, acoge una de las colecciones de arte privadas más importante del mundo. El cardenal Scipione Borghese, sobrino del papa Pablo V, encargó la construcción ce un parque y de un palacio para su disfrute persoral y para acoger su colección de esculturas antiguas y pinturas (1608); asimismo, encargó a Bernini varias esculturas que se han convertido en las obras más famosas del museo.

Al afán coleccionista del cardenal se le unió su parentesco con el papa y de este modo, pudo hacerse con importantes obras como el *Descendimiento de Rafael* (1507). En 1807, Camillo Borghese, marido de Paulina Bonaparte, vendió a su cuñado Napoleón una parte de la colección que actualmente está expuesta en el *Louvre* en París. La colección siguió creciendo con nuevas piezas procedentes de excavaciones arqueológicas en terrenos de la familia o recuperadas en otras villas de los Borghese. En 1902 vendieron la colección al Estado italiano y el parque pasó a estar bajo la competencia del ayuntamiento de Roma.

Entre sus obras maestras destacan la estatua de *Paulina Bonaparte* de Canova o las esculturas de Bernini, como *El rapto de Proserpina*, *David* o *Apolo y Dafne*. Entre las pinturas de los siglos xv al xviii: *El Amor Sacro y el Amor Profano* de Tiziano, *El retrato de un hombre* de Antonello da Messina, *Danae* de Correggio y las obras de Caravaggio, *Joven con cesta de fruta*, *Baco enfermo* y *La Virgen de los Palafreneros*.

ı MACRO ★

Este moderno y amplio espacio para exposiciones fue diseñado por la arquitecta Odile Decq y surgió fruto de la remodelación de una antigua fábrica de cervezas. Fue inaugurado oficialmente en 2002 y acabó su proceso de ampliación en 2010.

En sus instalaciones se exponen importantes obras de arte contemporáneo de dos períodos históricos: entre 1960 y 2000 con obras del llamado *grupo Forma 1* (Accardi, Perilli, Dorazio, etc.) y la denominada "Nuova Scuola Romana" (Pizzi, Cannella, Bianchi, etc) y de 2001 a la actualidad con obras de Gianni Asdrubali, exponente de la Abstracción Povera, o Giovanni Albanese entre otros. Además acoge distintos eventos y cuenta con terrazas y jardines.

⏱ 5 (A1)
✉ Piazzale del Museo Borghese, 5
🌐 galleriaborghese. beniculturali.it
🕐 M-D: 9-19 h. Última entrada a las 17:45 h. Aforo limitado. Es obligatorio comprar la entrada con antelación en su web.
🚇 Spagna y Flaminio
🚌 5, 52, 53, 63, 86, 88, 92
🚋 19
♿ Buenos

▲ Galleria Borghese.

⏱ f.p.
✉ Via Reggio Emilia, 54
📞 06 671 07 04 00 / 060608
🌐 www.museomacro.org
🕐 M-V: 12-19 h y S-D: 10-19 h (la taquilla cierra 30´ antes).
🚌 38, 60, 62, 80, 82, 89 o 90
♿ Buenos

ROMA ESTE
MURALES Y ÚLTIMAS TENDENCIAS

En el este, con quartieri como *Tiburtino* o *Tuscolano*, son la ventana a una Roma alejada del turismo en el que se entremezcla la vida típica de un barrio trabajador con las últimas tendencias. Tanto en San Lorenzo como en Pigneto, en Tiburtino, o en Quadraro, en Tuscolano, se pueden encontrar múltiples representaciones artísticas en forma de grafitis y de murales callejeros. Si escasea el tiempo y disfruta con este tipo de arte, una solución más "céntrica" consiste en entrar en la boca de metro en Piazza di Spagna y se sorprenderá.

▍SAN LORENZO Y PIGNETO   **＊**

San Lorenzo acoge lo que se presupone a la vida universitaria: jóvenes estudiantes que acuden a la **Universidad de Sapienza** y una activa vida nocturna. Solo hace falta echar un vistazo a sus calles los fines de semana para darse cuenta del nivel de diversión de la noche anterior. Este ambiente convive con un barrio obrero con pequeños negocios de artesanía y mercados.

Mientras Pigneto, con su centro en la vía homónima, alberga restaurantes y negocios con un toque moderno; un mercado en el que se vende un poco de todo, pero sobre todo frutas y verduras y también una considerable actividad de ocio juvenil y nocturno. Abarca desde el piazzale Labicano hasta las calles Prenestina, Casilina y dell'Acqua Bullicante y ha evolucionado considerablemente desde que Pasolini lo eligiese para su primera película "Accattone". En ambos se encuentra una buena muestra de **arte urbano** en forma de grafitis y murales. Es una pena que algunos no se hallen en un buen estado de conservación.

▍BASILICA DI SAN LORENZO
FUORI LE MURA   **＊＊**

Destaca por su peculiar planta a dos niveles que es fruto de la fusión de dos iglesias del siglo IV y del siglo XIII, respectivamente. Alrededor del 330, el emperador Constantino construyó una primera basílica en el lugar donde se encontraban los restos de San Lorenzo; en el siglo VI, el papa Pelagio II hizo construir otra iglesia contigua que fue destruida en el siglo XIII y que Honorio II ordenó reconstruir uniendo ambas. Bajo el altar mayor se encuentran

- - - - - - - - -

🕓 7 (A2-B2-C2)
✉ Al este de la estación Termini. Via Regina Elena y Via del Verano lo delimitan por el este y Viale Pretoriano y Via di Porta Labicana por el oeste. La Circonvallazione Tiburtina es la frontera sur y el hospital Policlínico, la norte.
Ⓜ Termini y Policlinico
🚊 2, 3, 19
🚌 71, 448, 492

- - - - - - - - -

🕓 f.p.
✉ Área comprendida entre Piazzale Labicano hasta las Vía Prenestina, Vía Casilina y Vía del Acqua Bullicante.
Ⓜ Pigneto
🚌 44, 50, 81, 412

- - - - - - - - -

🕓 f.p.
✉ Piazzale del Verano, 3
☎ 06 491511
🕓 7.30-12.30 h y 16-19 h; verano 7.30-12.30 h y 16-20 h
🚌 C3, 140, 492
♿ Regulares

◀ La Iglesia de San Lorenzo.

¿Sabía Ud. que...?

Quadraro y Tuscolano se han convertido en verdaderos museos de "street art" o arte callejero que se pueden disfrutar al aire libre. Esto comenzó en 2010 con la iniciativa del artista Davide Diavù al que le siguieron muchos otros en años sucesivos. Aún se pueden ver sus trabajos, pero desgraciadamente algunos han quedado deslucidos por el paso del tiempo y la acción de los gamberros.

los restos de San Lorenzo y Santo Stefano; los frescos de las paredes (siglo XIII) narran episodios de la vida de ambos santos y destacan los **mosaicos del arco triunfal** (siglo VI). Durante la Segunda Guerra Mundial fue bombardeada por los aliados (1943) y reconstruida con los materiales originales. Desde el claustro se puede acceder a las Catacumbas de Santa Ciriaca.

❙ QUADRARO　✱

En los archivos se encuentran referencias a esta zona en el siglo XVII, aunque la denominan *Porta Furba*, y tras la inauguración de los cercanos estudios *Cinecitta* en 1937 se produjo un cierto desarrollo. Entonces llegó la II Guerra Mundial y se convirtió en un símbolo de rebeldía; impidieron la entrada de Mussolini y las tropas alemanes en sus límites.

En la actualidad al contemplarlo sigue pareciendo un pueblecito con sus casas bajas y negocios familiares, y es fácil olvidarse de que se está en Roma. Esto es fruto de su resistencia al empuje inmobiliario con el fin de preservar su independencia y rasgos característicos, uno de ellos es el **arte urbano**. A lo largo de sus calles, los numerosos murales y grafitis, no siempre tan bien conservados como deberían, lo han convertido en un museo al aire libre.

🕐 f.p.
✉ Al norte de Via Casilina hasta Via Orazio Pierozzi y al suroeste desde Via del Mandrione hasta Porta Furba.
🚇 Porta Furba - Quadraro
🚌 105, 409

ROMA SUR-BARRIO EUR

El sur de Roma es bastante accesible en metro y *quartieri* como **Ostiense**, *Appio Pignatelli*, *Ardeatino* y **Europa** ofrecen atractivos culturales que pueden ser etiquetados como alternativos o familiares. En un recorrido por esta área, además de basílicas y restos arqueológicos, aparecen edificios industriales reconvertidos en espacios culturales y curiosos museos que gustarán a niños y mayores para llegar finalmente a un lago.

I OSTIENSE ✱

En este *quartiere*, que toma su nombre de la calle homónima, conviven su pasado industrial y las tradiciones. A principios del siglo pasado era una zona industrial y buenos ejemplos son el **Gasómetro**, que ha acogido distintas actividades culturales dentro de la Estate Romana o la **Central Montemartini**, un antigua central eléctrica, reconvertida en museo.

Además a lo largo de la Via Ostiense y otras calles aledañas se es testigo de la Roma más joven a través de murales y grafitis. Los seguidores de Nanni Moretti y su "Querido diario" pueden acercarse desde aquí a **Garbatella**, el más joven de los barrios históricos que nació en los años 20 del siglo xx.

I PIRÁMIDE CESTIA ✱

En el año 12 a.C. falleció el magistrado romano Cayo Cestio y dejó en testamento su voluntad de hacerse enterrar en una pirámide de estilo egipcio. Se cumplió su deseo y este extraño monumento de 27 m de altura y recubierta de mármol se completó en 330 días junto a la *Porta San Paolo* insertada en las *Mura Aureliane*.

La presencia de una tumba pirámide en Roma puede deberse a que Egipto se había convertido en provincia romana recientemente y lo egipcio estaba de moda en aquel momento.

Junto a la pirámide se encuentra el llamado **cementerio protestante**, aunque en realidad su nombre es *Cementerio Acatólico*.

Es el primero que permitió el papa dentro de las murallas de Roma (1738) y aquí están enterrados algunos ilustres personajes como los poetas británicos Keats y Shelley, el hijo de Goethe o el filósofo Antonio Gramsci, líder del partido comunista italiano.

🕓 11 (D1), 11 (D2), 12 (D1) y f.p.
✉ Área comprendida entre Viale de Porta Ardeatina, al norte; Via Cristoforo Colombo y Via Laurentina, al este; al sur, Via delleTre Fontane y al oeste, con el río Tíber, orilla Ostiense.
Ⓜ Piramide, Marconi, Garbatella y Basilica San Paolo.
🚌 30, 83, 128, 280, 719 y 🚊 3, 8

🕓 11 (D1)
✉ Piazzale Ostiense
Ⓜ Piramide
🚌 30, 75, 118, 271

▌ CENTRAL MONTEMARTINI ★★★

Es un espléndido ejemplo de reconversión de una construcción industrial en museo, desde 2005 es la segunda sede de los Museos Capitolinos (▶29). Fue inaugurada en 1912 y fue la primera planta pública de producción de energía eléctrica de Roma.

En 1995 albergó algunas obras de los Museos Capitolinos, mientras una parte de estos estaba en reformas y una década después pasó de temporal a sede permanente acogiendo una sobresaliente colección de escultura clásica que salió a la luz durante las excavaciones llevadas a cabo en Roma entre finales del siglo XIX y las primeras décadas del siglo XX. Entre sus obras maestras, el mosaico con escenas de caza; el frontón del templo de Apolo Sosiano o la estatua de Dionisio, sin olvidar su maravillosa sala de máquinas *Art Nouveau*. Desde 2016, la sala de calderas 2 acoge el fantástico tren con el que viajaba el papa Pío IX.

🕐 f.p.
✉ Via Ostiense, 106
📱 centralemontemartini.org
🕐 M-D: 9-19 h
🎫 Capitolini Card (Museos Capitolinos + Central Montemartini). Sale a cuenta si se van a visitar las dos sedes. Válida para siete días. Primer D de mes: entrada gratuita.
🚇 Garbatella
♿ Buenos

▌ BASÍLICA DE SAN PABLO EXTRAMUROS (SAN PAOLO FUORI LE MURA) ★★

En el año 324 el emperador Constantino transformó una *celda memoriae* eregida sobre el lugar de enterramiento de San Pablo (año 67) en una basílica.

Actualmente lo que se contempla es una reconstrucción de la basílica del siglo IV destruida por un incendio en 1823. León XII decidió reedificarla manteniendo la planta y las dimensiones de la precedente y las obras finalizaron en 1928. Entre los pocos elementos de la iglesia original se conversan los mosaicos del ábside (siglo XII), el baldaquino de mármol de Arnolfo di Cambio (1285) y el fantástico claustro (siglo XII-XIII) con originales columnas geminadas. En la parte superior de las naves de la basílica están los retratos de todos los papas desde San Pedro a Francisco.

🕐 f.p.
✉ Via Ostiense, 190
🕐 7-18.30 h; claustro y pinacoteca: 9-17:30 h
📱 www.basilicasanpaolo.org
💶 La entrada a la basílica es gratuita, pero la entrada a la pinacoteca y claustro, no.
🚇 San Paolo
♿ Regulares

▲ La basílica de San Pablo de Extramuros y un detalle de los mosaicos del ábside.

- 🕐 f.p.
- ✉ Via Appia Antica, 136
- 🔗 www.catacombe.org
- 🕐 10-17 h. Recomiendan comprar la entrada online.
- 🚍 118, 218, 660
- ♿ Regulares

❚ BASÍLICA DI SAN SEBASTIANO ✱

Constantino mandó construir una primera basílica en el siglo IV sobre las catacumbas donde se encontraba San Sebastián y donde, según la leyenda, también estuvieron durante un tiempo enterrados los Apóstoles Pedro y Pablo. La iglesia actual fue remodelada en el siglo XVII y se convirtió en un punto de peregrinaje por su capilla de las reliquias que contiene, entre otras, la flecha del martirio de San Sebastián y la piedra del *Quo Vadis*. Desde la iglesia se accede a las **catacumbas**, que fueron las primeras en recibir ese nombre que deriva del griego *Kata Kymbas* (junto a la cueva).

- 🕐 f.p.
- ✉ Via Appia Antica, 110/126
- 🔗 www.catacombe.roma.it/es
- 🕐 J-M: 9-12 h y 14-17 h; cierran X y hacen una pausa invernal de finales de ene a finales de feb.
- 🚍 118, 218
- ♿ Regulares

❚ CATACUMBAS DE SAN CALIXTO ✱

Las catacumbas de San Calixto son las más visitadas y probablemente las más grandes de Roma. Se empezaron a construir en el siglo II y comprenden una red de galerías de unos 20 km distribuidas en distintos pisos con miles de nichos (*loculi*) que aún no se han excavado en su totalidad. Se convirtieron pronto en el cementerio oficial de la Iglesia de Roma. Aquí están enterrados varios papas y 50 mártires, entre estos últimos estuvo Santa Cecilia hasta que trasladaron las reliquias a su iglesia en Trastevere. En la cripta de Santa Cecilia hay una reproducción de la escultura de Maderno en el lugar de su tumba.

- 🕐 f.p.
- ✉ Área comprendida entre, Via delleTre Fontane, al norte; Via Laurentina al este; al sur, Viale dell'Oceano Pacifico y al oeste, el río Tíber, Via del Capellaccio.
- 🔗 www.museodellecivilta.it
- ❗ El Museo de las Civilizaciones consta de dos sedes: el Palacio de las Ciencias: piazza Guglielmo Marconi, 14 y el Palacio de las Artes y Tradiciones Populares: piazza Guglielmo Marconi, 8
- 🚇 EUR Magliana, EUR Palasport, EUR Fermi y EUR Laurentina.
- 🚍 30, 31, 130, 671, 714,

❚ EUROPA ✱✱

Conocido como *EUR*, se construyó para celebrar la *Exposición Universal de 1942* que iba a conmemorar el vigésimo aniversario de la *Marcha sobre Roma*. Finalmente no se llevó a cabo debido a la II Guerra Mundial, pero dio lugar a un barrio con grandes calles y avenidas, palacios, edificios institucionales, culturales, de empresas, pero también a una zona residencial con un lago.

Aquí se ubica un museo poco concurrido y específico: el **museo histórico de la Comunicación**, obligatorio reservar la visita, y un trío de museos vecinos entre sí: el **museo Prehistórico Etnográfico Luigi Pigorini**; el del **Alto Medievo** y el **de las Artes y las Tradiciones Populares**. Desde 2016 junto al **Museo Nacional de Arte Oriental "Giuseppe Tucci"** forman el **Museo de las Civilizaciones (MuCiv)**. El edificio que simboliza esta arquitectura facista es el "Coliseo Cuadrado", apodo con el que se conoce al **Palazzo della Civiltà italiana**. Entre las nuevas construcciones destaca el palacio de congresos Nuvola Fuksas de 2016, conocido actualmente como **Roma Convention Center - La Nuvola**.

PALAZZO DELLA CIVILTÀ ITALIANA ✽

Apodado como *Colosseo Quadrato* fue construido para la Exposición Universal de 1942 e inaugurado en 1940. Inmenso, destacan sus arcos simétricos y el mármol travertino. Desde 2015 es la sede mundial de la marca Fendi con un espacio dedicado al arte con exposiciones temporales en su primera planta.

- 🕐 f.p.
- ✉ Quadrato della Concordia, 5
- 🌐 www.fendi.com
- 📅 Consultar web
- 🚇 Eur Fermi
- ♿ Regulares

MUSEO DE LAS CIVILIZACIONES - PREHISTORIA (PREISTORIA) ✽✽

En 1875 el paleontólogo Luigi Pigorini fundó el Real Museo Etnográfico Prehistórico Nacional. Con secciones dedicadas a África, Oceanía y "Las Américas", y a la Prehistoria -con los métodos para el estudio del pasado, la historia natural, el Paleolítico, del pueblo a la ciudad y una explosión del pasado.

- 🕐 f.p.
- ✉ Piazza Marconi, 14
- 🕐 M-D: 8-19 h
- 🌐 www.museodellecivilta.it/preistoria/
- 🚇 Eur Fermi
- ♿ Buenos

MUSEO DE LAS CIVILIZACIONES - ALTA EDAD MEDIA (ALTO MEDIOEVO) ✽

Fue inaugurado en 1967 para albergar restos arqueológicos del período entre los siglos IV al X, desde la caída del Imperio romano hasta el bajo medievo. Expone objetos relacionados con la vida cotidiana, joyas como la fíbula de oro del siglo V hallada en el palatino, armas, esculturas, cerámicas, mosaicos y tejidos. Sus fondos proceden de excavaciones en Roma y en el centro de la península italiana.

- 🕐 f.p.
- ✉ Piazza Marconi, 14
- 🕐 M-D: 8-19 h
- 🌐 www.museodellecivilta.it/alto-medioevo/
- 🚇 Eur Fermi
- ♿ Buenos

MUSEO DE LAS CIVILIZACIONES - ARTE Y TRADICIONES POPULARES ✽✽

Una colección de más de 65.000 objetos, de entre los siglos XVI y XX, que muestra las tradiciones populares de las regiones italianas. Temáticas como el hogar, vestimenta (con trajes regionales), trabajo rural, transporte, ceremonias, religiosidad popular, fiestas, cerámica o instrumentos musicales tradicionales.

- 🕐 f.p.
- ✉ Piazza Marconi, 8
- 🕐 M-D: 8-19 h
- 🌐 www.museodellecivilta.it/arti-tradizioni-popolari/
- 🚇 Eur Fermi
- ♿ Buenos

MUSEO DE LAS CIVILIZACIONES ARTE ORIENTAL "GIUSEPPE TUCCI" ✽✽

Fundado en 1957, en 2005 recibió el nombre de Giuseppe Tucci, uno de los grandes orientalistas del siglo XX, que impulsó su fundación. Las colecciones muestran hallazgos procedentes de Oriente Medio, arqueología y arte del Islam; del Tíbet, Nepal, India, Japón, Corea o Vietnam.

- 🕐 f.p.
- ✉ Piazza Marconi, 14
- 🕐 M-D: 8-19 h
- 🌐 www.museodellecivilta.it/arte-orientale/
- 🚇 Eur Fermi
- ♿ Buenos

PARCO CENTRALE DEL LAGO ✽

Conocido también como Parco Lago dell' EUR, es la zona de ocio al aire libre más popular del barrio Europa. Consta de 16.000 m² que se dividen entre la zona verde y el lago artificial en que se puede remar.

- 🕐 f.p.
- ✉ Passeggiata del Giappone
- 🚇 EUR Palasport

A un **paso** de **Roma**

A Roma se suele llegar con una agenda muy apretada, pero si se dispone de tiempo extra se pueden realizar excursiones muy interesantes sin desplazarse demasiados kilómetros de la capital italiana. A unos 30 km al suroeste se encuentran las excavaciones de la ciudad romana de Ostia Antica, y muy cerca, la playa del Lido de Ostia; aunque no es tan espectacular como el litoral del sur y suele estar bastante concurrida, es ideal para dar un paseo junto al mar a pocos minutos de la ciudad. La excursión favorita de los romanos es a los Castelli Romani, al sureste, en los montes Albani, donde abundan los restaurantes y negocios enfocados al turismo. Hacia el este, a poco más de 35 km se localiza Tivoli y en sus proximidades la espléndida Villa Adriana. Si se quiere disfrutar de la naturaleza no será un problema porque la Regione Lazio cuenta con muchísimos espacios naturales protegidos.

Excursiones desde Roma

OSTIA ANTICA ★★★

Esta ciudad fue fundada por los romanos en el siglo IV a.C. en la desembocadura del Tíber. En sus orígenes fue un emplazamiento defensivo (*castrum*), por su situación estratégica que permitía el acceso hasta la ciudad desde el mar, pero pronto se convirtió en el puerto más importante de la Roma Republicana. La floreciente ciudad llegó a tener más de 50.000 habitantes y en la época de Augusto se expandió con la construcción de numerosos edificios públicos, entre ellos templos, termas y un teatro. En el siglo I d.C., se vio la necesidad de construir un nuevo puerto más al norte, por los problemas de acumulación de arena que causaban los detritos del Tíber. De esta forma Ostia conoció un nuevo periodo de esplendor bajo el emperador Trajano, al convertirse en el centro administrativo del comercio de la zona, lo que se tradujo en nuevas construcciones. El declive de Ostia se produjo durante los siglos V-VI, con algunas invasiones de los bárbaros, a la vez que descendía la actividad comercial, y fue acelerado por una epidemia de malaria en la zona. En el siglo IX la ciudad ya había sido totalmente abandonada.

Ostia Antica es una de las ciudades romanas mejor conservadas que se puede visitar, aunque de dimensiones bastante menores que Pompeya, al menos requiere media jornada para conocer sus calles e interesantes restos. Dentro del parque arqueológico hay también un museo con piezas provenientes de las excavaciones de la ciudad.

Como muchas otras ciudades romanas, Ostia Antica se extiende a ambos lados de una vía principal, **Decumanus Maximus,** que era una continuación de la antigua Via Ostiense que conducía hasta la ciudad, con una puerta a cada extremo: Porta Romana y Porta Marina. Junto a la entrada por Porta Romana, a la derecha, se encuentran los restos de las **Termas de Neptuno** con unos estupendos mosaicos. A continuación se puede ver el gran **teatro,** restaurado en 1927, que se utiliza en verano para diversas representaciones.

Detrás del teatro está el **Piazzale delle Corporazioni,** donde se reunían las distintas corporaciones de la ciudad; hay unos 70 establecimientos alrededor de la plaza, con mosaicos alusivos a las actividades comerciales que allí se desarrollaban y al gremio al

✉ Viale dei Romagnoli, 717
☎ www.ostiaantica.beniculturali.it
🕐 La apertura se produce a las 8.30 h y el cierre depende de la época del año. Lo mejor es consultar su web y tener en cuenta que su taquilla cierra una hora antes.
🎟 Gratuita: primer D de mes
♿ Regulares (se trabaja en aumentar su accesibilidad).

◄ Mosaico de Villa Adriana.

▼ Restos de las ruinas de Ostia Antica.

▲ Interior de una vivienda romana en Ostia Antica.

que pertenecían. En la parte izquierda del Decamus Maximus se encuentran los restos del **Foro** y de su templo principal dedicado a Jupiter, Juno y Minerva en la época del emperador Adriano. Durante las excavaciones se ha podido comprobar que se profesaban diversas religiones, pues se han encontrado restos de varios mitreos y de una sinagoga.

Los almacenes (*horrea*) están repartidos por la ciudad y se puede ver un ejemplo de *insula* (las casas populares romanas de varias plantas) en la **Casa de Diana,** que contaba con una taberna en su planta baja. Fuera del parque arqueológico está un **borgo** medieval y el **Castillo de Julio II** (siglo xv).

I TÍVOLI   **

En la ladera de los montes Tiburtini y junto al río Aniene, era conocida en tiempos de los romanos como Tibur. En tiempos de la República alzaron aquí sus villas nobles e importantes personajes como los poetas Horacio y Catulo o el emperador Adriano.

En el Medievo sufrió numerosas invasiones por su proximidad a Roma. El actual centro histórico conserva parte de la ciudad medieval con interesantes edificios e iglesias románicas como **Santa Maria Maggiore** (siglo xIII), **San Silvestro** (con interesantes frescos del siglo xII) o la **Catedral de San Lorenzo,** reconstruida en 1635, pero conserva parte del edificio medieval y el campanario original románico. En la parte más alta de la ciudad se halla la **Roca Pía,** una fortaleza edificada en 1461 por el Papa Pío II

• • • • • • • • •

🌐 www.visittivoli.eu

✉ COTRAL de Ponte Mammolo (Metro B) a Tívoli. En coche: (unos 40 km) por autopista A24 salida Tívoli o Castel Madama SS Tiburtina dirección norte-este.

Il Borghetto
✉ Via dei Sosii, 58 - Tivoli
🌐 www.ristoranteilborghetto-tivoli.com
🕐 Cierra los martes.

▲ Vista de Tívoli.

como símbolo del poder papal sobre la ciudad. En Tivoli destaca el palacio de **Villa D'Este,** que forma parte del Patrimonio de la Humanidad. El cardenal Ippolito d'Este, hijo de Lucrecia Borgia, mandó construirlo en 1550 y encargó el proyecto a Pirro Ligorio. Su interior está profusamente decorado con frescos de artistas manieristas romanos de la época como Federico Zuccari o Girolamo Muziano. Sin embargo lo que da fama a la villa son sus espectaculares jardines llenos de originales fuertes. Una de ellas, la *Fontana de la Civetta*, imita el canto de los pájaros y otra reproduce el sonido de un órgano con el agua.

Entre los lugares más bellos del jardín se encuentra *Le Cento Fontane*, una galería con un centenar de fuentes con águilas, obeliscos y estatuas; en un extremo se encuentra la *Fontana di Rometta* que representa monumentos romanos en miniatura, y al otro extremo está la *Fontana dell'Ovato* que simboliza la cascada de Tívoli.

Otro punto interesante de la urbe es el **Parco di Villa Gregoriana,** que recibe su nombre del Papa Gregorio XVI, que, en 1826, ordenó desviar el cauce del río Aniene tras una gran inundación. Creó una grandiosa cascada de más de 100 m de altura y se decidió utilizar el antiguo lecho del río para hacer el parque entre las formaciones calcáreas y las grutas. Dentro de la villa hay dos templos romanos de la época de la República en muy buen estado de conservación: el **Templo de Vesta,** y el **Templo de la Sibila.**

• • • • • • • • •

Villa d'Este
✉ Piazza Trento, 5 - Tívoli
🌐 villae.cultura.gov.it/i-luoghi/villa-deste
🕐 M-D: desde las 8.45 h. L: a partir de las 14 h. El cierre depende de la época del año: consultar web.
💳 Recomendable comprar las entradas online: www.coopculture.it

• • • • • • • • •

Parco dei Villa Gregoriana
✉ Largo Sant'Angelo
🌐 fondoambiente.it/luoghi/parco-villa-gregoriana
🕐 Abre a las 10 h, todo el año, excepto jul y ago que lo hace a las 9 h. Las horas de cierre varían según el mes. Última entrada una hora antes del cierre.
🔖 Se pueden comprar las entradas online.

UN PASEO EN COCHE

Castelli Romani

Recorrido
85 km

Duración
Medio día

Salida y llegada
Roma

Comida
- Cacciani
- Via Armando Diaz, 13/15 Frascati
- 06 942 03 78
- www.cacciani.it
- Cerrado: domingo por la tarde y lunes todo el día.

▮ Los **Castelli Romani** son ciudades y pueblos situados en los Montes Albani, ya habitados en época romana. Con posterioridad han sido lugar de residencia estival para nobles familias romanas y varios pontífices.

Desde Roma por la Via Tuscolana a Frascati. Desde aquí seguir hacia Grottaferrata (SP216).

▮ **Grottaferrata** es famosa por su Abadía griega de San Nilo, construida por monjes bizantinos en el 1004. Fue edificada sobre una antigua casa romana y hay quien considera que era una de las villas de Cicerón.

Continuando por la SP216 se llega a **Marino,** donde se producen unos excelentes vinos blancos, y después, a la izquierda, se toma la panorámica Via dei Laghi, que bordea el lago volcánico Albano (SP217), hasta encontrar a la izquierda el desvío hacia Rocca di Papa.

▮ **Rocca di Papa** se encuentra en el Monte Cavo, siendo una de las poblaciones de los Castelli situada a mayor altura (681 m). Recibe el nombre por el Papa Eugenio III que residió aquí; interesante su ciudad medieval y las espléndidas vistas.

Regresar a la Via dei Laghi (SP217) y continuar hasta el desvío a la derecha hacia **Nemi** (SP76a), situada sobre el lago del mismo nombre. Al otro lado del lago se toma la SS7 en dirección a Genzano di Roma, Ariccia y Albano Laziale.

▮ **Ariccia** es famosa por el barroco Palazzo Chigi y la Piazza di Corte proyectados por Bernini y por las *fraschette*, las hosterías al aire libre donde se come la sabrosa *porchetta* (cerdo asado relleno).

Albano es una las ciudades más grandes y cuentan con un amplio patrimonio histórico-artístico de distintas épocas. Desde Albano se continúa bordeando el lago por Via Galleria di Sopra (SP71b) hasta Castel Gandolfo.

▮ **Castel Gandolfo** se alza sobre el lago Albano, desde donde se contemplan unas vistas increíbles. Cuenta con algunas interesantes obras de Bernini. Se trata de la residencia de verano del Papa.

Se regresa a Roma por la Via Appia Nuova (SS7).

▼ Vistas desde Gandolfo, Ariccia y Nemi.

▌ VILLA ADRIANA ★★★

La Villa Adriana es la mayor residencia de la Roma Imperial que se ha construido y uno de los mejores ejemplos de la arquitectura romana. Fue edificada probablemente entre los años 118 y 134 d.C., después del viaje del emperador Adriano por las provincias orientales. Decidió reproducir en su residencia algunos de los edificios que más le habían impresionado, de Grecia y Egipto, adaptados a los esquemas de las villas romanas

Fue residencia de los emperadores hasta Constantino (siglo IV) que comenzó su expolio trasladando muchas de sus obras de arte. Fue devastada en las invasiones barbáricas y usada como cantera durante el Medievo. Muchos artistas del Renacimiento acudieron aquí para estudiar sus edificios, pero continuó siendo expoliada prácticamente hasta el siglo XIX, cuando empezaron los trabajos de restauración.

Se puede ver una maqueta con la reconstrucción de los edificios para hacerse una idea de cómo fue en su interior o su máximo esplendor. Su extensión es enorme, es una pequeña ciudad, por lo que recorrerla puede llevar varias horas. Cerca de la entrada se encuentra el **Pecile**, pórtico similar a la Stoà de Atenas, y la Sala de los Filósofos, que seguramente era una biblioteca.

Está el **Teatro Marittimo,** un edificio circular con pórtico de columnas y estanque central, con una isla en su interior a la que se accede por un puente; era el lugar de retiro preferido del emperador. Restos de complejos termales, basílicas, bibliotecas, almacenes, palacios y templos están distribuidos por el recorrido.

Otra edificación sorprendente y muy conservada es el **Canopus,** una reproducción del santuario de Serapis en Alejandría, con un canal central circundado de columnas y decorado con estatuas y cariátides; al fondo del canal está el **Serapeum,** templo-ninfeo semicircular con esculturas egipcias y donde está la estatua del joven Antínoo.

▲ Estatuas y estanque de Villa Adriana.

⊠ Largo Marguerite Yourcenar, 1. Villa Adriana, Tívoli

🖥 www.villaadriana. beniculturali.it/

🕐 Horarios en villae.cultura. gov.it/orari-e-biglietti/. La apertura es a las 8.15 h, pero el cierre varía.

🖳 Recomendable comprar las entradas online: www. coopculture.it

🚇 COTRAL de Ponte Mammolo (Metro B) a Tívoli; desde Tívoli, bus 4 desde Piazza Garibaldi

🚗 En coche tomar la autopista A24 y salir en la estación de peaje de Tívoli; recorrer la carretera Maremmana Inferiore unos 2,5 km hasta llegar a la pedanía de Villa Adriana y seguir las indicaciones de carretera para el sitio. Como alternativa, tomar la via Tiburtina y recorrerla hasta la localidad de Villa Adriana.

Dónde...

Restaurantes

CENTRO DE ROMA

Navona-Campo de Fiori -Panteón-Via Giulia

Hostaria Costanza (M)

Está próximo al Campo de' Fiori, construido sobre los restos del antiguo Teatro de Pompeyo, y junto al cual fue asesinado Julio César en el 44 a.C. Está especializada en pescado, cocina tradicional y destaca su carta de vinos.

- ✉ Piazza del Paradiso, 65
- 🌐 www.hostariacostanza.it
- 🕐 Cierra D y vacaciones: ago
- 🚍 8

Precios

Los precios son orientativos y se refieren a una comida de tres platos sin incluir las bebidas. El precio medio se expresa entre paréntesis según el siguiente parámetro:

(E) Económico: menos de 25 €

(M) Medio: entre 25 y 50 €

(C) Caro y lujo: más de 50 €

"Coperto" o "coperto y pane" eran términos habituales en los restaurantes de Roma, ahora el término que recoge la ley es"servizio" y suele incrementar la factura entre 1 y 4 € por persona. Está incluido casi siempre en la cuenta, sobre todo en lugares turísticos. Se puede dejar propina (mancia) si se ha quedado satisfecho.

Osteria de Memmo (M)

Situado cerca de la Piazza Navona, se encuentra este establecimiento que sirve cocina romana tradicional en un ambiente popular.

- ✉ Via dei Soldati, 22
- 🌐 osteriadememmo.it/
- 🕐 12.30-15 y 19.30-23 h. D: cerrado
- 🚍 70, 81, 87, 116, 492, 628

Diandra Ristorante (M)

Sirve comida tradicional y está situado en pleno centro cercano a la Piazza San Lorenzo in Lucina. Especializado en pescado.

- ✉ Via del Leoncino, 28
- 🌐 diandraristorante.com
- 🕐 12-15 y 19-23 h. Cierra: L.
- 🚍 Spagna

Buddy Veggy Restaurant Cafè (E-M)

Cocina tradicional italiana en versión vegetal. Es un lugar donde puedes desayunar, tomar un brunch, comer y también cenar. Muy bien situado.

- ✉ Corso Vittorio Emanuele II, 107A
- 🌐 buddyroma.com
- 🕐 L-V: 10-23 h y S-D: 9-23 h
- 🚍 62, 64, 70, 492

Tridente

Antica Hostaria Al Vantaggio (M)

Cerca de la Piazza del Popolo encontramos este restaurante de ambiente familiar que podrá satisfacer cualquier paladar con sus pizzas, pastas y especialidades como la típica *saltimbocca alla romana* (ternera con jamón y salvia) o *pollo coi peperoni* (con pimientos).

- ✉ Via del Vantaggio, 35
- 🌐 www.alvantaggio.it

Horarios

Las comidas se realizan más temprano que en España, pero los restaurantes en Roma suelen tener horarios amplios. Normalmente abren de 12 a 15 h y de 20 a 23 h. Las horas de más afluencia es la 13 h para la comida y las 21 h para la cena. Suelen cerrar un día a la semana y 15 días o un mes al año, en agosto; también en algunos días festivos.

- 🕐 12-23 h
- 🚍 Flaminio

Il Margutta (M)

En Via Margutta se encuentra uno de los primeros restaurantes vegetarianos de la ciudad, fundado en 1979. En un ambiente elegante y con buena música de fondo, se pueden degustar imaginativas creaciones culinarias. Disponen de opciones para personas veganas y para celíacas. Su brunch es muy popular.

- ✉ Via Margutta, 118
- 🌐 ilmargutta.bio
- 🕐 11-16 y 18-23 h
- 🚍 Flaminio, Spagna

Antonello Open Colonna (C)

Su chef prepara platos para todos los gustos. con una base en la cocina tradicional romana que moderniza Su salón tiene un original techo acristalado.

- ✉ Entrada escalinata de la Via Milano, 9/A
- 🌐 www.opencolonna.it
- 🕐 De M a S desde las 19 h. Vacaciones: ago.
- 🚍 Repubblica
- 🚍 64, 70, 71, 117, 170

Ghetto

Giggetto al Portico d'Ottavia (M)

Cerca de la Isola Tiberina, es todo un monumento de la cocina romana en su variante judía. Se pueden tomar los famosos *carciofi alla giudia* (alcachofas a la judía) además de otros como *vignarola* (habas con guisantes y alcachofas), *cicerchia* y *aliciotti fritti* (anchoas fritas).

- ✉ Vía Portico d'Ottavia, 21a
- 📱 www.giggetto.it
- 🕐 12.30-15 y 19.30-23 h Cierra L

Piperno (C)

Restaurante histórico donde se degustan los platos de la tradición culinaria judía romana, con especialidades como *carciofi alla giudia* (alcachofas a la

judía) o *vignarola* (plato tradicional a base de habas, guisantes y alcachofas), además de otras clásicas recetas de pasta y carne. Gran oferta de vinos.

- ✉ Vía Monte de' Cenci, 9
- 📱 www.ristorantepiperno.it
- 🕐 M-S: 19.45-22.30 h.
  S-D: 12.45-14.30 h. Cierra L todo el día, D noche.
- 🚇 8

Coliseo-Palatino-Foro Romano-Campidoglio

Dulcis in Fundo (M)

Localizado en el centro de la Roma antigua, entre Campidoglio, Palatino y Foro Romano, ofrece cocina tradicional romana en la que no falta la pasta y la pizza. Dispone de una terraza para comer fuera.

- ✉ Vía dei Fienili, 49
- 📱 ristorantedulcisinfundo.com
- 🕐 11.30-16 y 18.30-23.30 h.
- 🚌 H, 30, 44, 63, 81, 95, 160

Termini-Piazza de la República-Vía Veneto

Rifugio Romano (E-M)

Negocio familiar que cuenta con una carta de comida tradicional romana y otra de platos veganos, que es extensísima. Si se tiene el antojo de pizza vegana, esta puede ser una excelente opción.

- ✉ Vía Volturno, 39/41
- 📱 rifugioromano.com
- 🕐 12.30-23 h.
- 🚇 Repubblica

Esquilino-Monti

La Carbonara (M)

Osteria ubicada en el Rione Monti donde acuden principalmente los romanos cuando les apetece comer los platos tradicionales, ya que aquí son expertos desde 1906. No hay que perderse el plato más famoso: *pasta alla carbonara*.

- ✉ Vía Panisperna, 214
- 📱 www.lacarbonara.it
- 🕐 12.30-14.30 y 19-22.30 h; Cierra D;
- 🚇 Cavour

Trastevere-Testaccio

Agustarello (E)

Restaurante de ambiente familiar que es un punto de referencia de la cocina tradicional romana. Aquí se puede degustar, entre otras cosas, *cavatelli con cicoria* (pasta con achicoria), o las típicas *puntarelle* y *trippa* (callos).

- ✉ Vía Giovanni Branca, 100
- ☎ 06 574 65 85
- 🕐 12.30-15 y 19.30-23.30 h. Cierra D.
- 🚇 Piramide

Antica Pesa (C)

Si se visita este elegante restaurante en inverno, se podrá gozar de la atmósfera creada por su chimenea mientras se toma una aperitivo esperando mesa. Ofrece una reinterpretación de la cocina tradicional de la región. Amplia carta de vinos.

- ✉ Vía Garibaldi, 18
- 📱 www.anticapesa.it
- 🕐 Cierra D. 19.30-23 h
- 🚇 Piramide

Corsetti 1921 (M-C)

Los romanos saben de sobra que en el barrio de Trastevere se come muy bien y este restaurante familiar es un claro ejemplo. Reformado, es un referente en el barrio desde 1921.

Otras alternativas

Para comer rápido o picotear algo se puede acudir a las enoteche, donde además de servir vinos, suelen preparar entrantes y algunos platos, al igual que sucede con las birrerie donde no solo sirven cerveza. Roma está llena de establecimientos de Pizza al taglio que venden la pizza en porciones para llevar, y de las llamadas Tavola calda que funcionan más o menos como autoservicios donde preparan algunos menús a buen precio. Los bares suelen tener bocadillos y tramezzini (sándwiches). También existe la opción de ir a un alimentari (tienda de ultramarinos) y comprar un bocadillo.

Sirve pescado y cocina tradicional romana.

- ✉ Piazza San Cosimato, 27
- 📱 osteriacorsetti1921.com
- 🕐 12-16 h y 18-23.30 h
- 🚌 3, 8

FUERA DEL CENTRO

Roma Oeste

Giacomelli (E)

En el barrio de Prati, no lejos del Vaticano, se halla esta pizzería de ambiente familiar que es una institución en el barrio desde 1947. Excelentes pizzas a la manera tradicional romana, en el típico plato de acero.

- ✉ Via Emilio Faà di Bruno, 25
- 📱 pizzeriagiacomelli.it
- 🕐 12.30-14.45 y 19-23.45 h; Cierra L
- 🚌 Ottaviano

Flower Burger (E)

En el barrio de Prati este establecimiento de comida rápida vegana sirve deliciosas hamburguesas (de garbanzo, seitán o tofu) con una excelente calidad-precio. Tienen locales en otras localizaciones de Roma, en otros puntos de Italia y de Europa.

- ✉ Via dei Gracchi, 87
- 📱 flowerburger.it
- 🕐 12.30-15 h y 19-22.30 h
- 🚌 Ottaviano

Isola della Pizza (E)

Cercana a los Museos Vaticanos. Ofrece todo tipo de pizza en más de 40 variedades, también a la hora de la comida, fritos y otros platos de cocina romana.

- ✉ Viale degli Scipioni, 45
- 📱 www.isoladellapizza.com
- 🕐 12.30-15 y 19.30-24 h. Cierra X
- 🚌 Ottaviano

Il Matriciano (M)

En el barrio de Prati, a pocos minutos a pie del Vaticano, está este res-

Tipos de establecimientos

La osteria suele ser un restaurante pequeño donde se sirve comida casera a precio moderado y con una carta corta, en función de lo que se encuentra en el mercado; a veces no tienen y recitan los platos del día. Generalmente el ristorante es más elegante, más caro y tiene una carta más amplia, mientras que la trattoria suele dar un trato más familiar y tener una carta más sencilla. Esta es la teoría, porque es frecuente encontrar lujosos restaurantes denominados osterie. Conviene mirar antes la carta expuesta fuera de cada establecimiento y así evitar sorpresas.

taurante que desde hace casi un siglo encanta a sus clientes con sus famosos *bucatini all'amatriciana*.

- ✉ Via dei Gracchi, 55
- 📱 www.ilmatriciano.it
- 🕐 12.30-15 y 20-23 h. Cierra X y D noche.
- 🚌 Lepanto, Ottaviano.

Roma Este

Pizzeria Formula 1 (E)

En el barrio de San Lorenzo, es un local austero y bastante popular con referencias a la Fórmula 1 en sus paredes. El servicio es rápido y eficiente; propone buenas pizzas y los fritos tradicionales.

- ✉ Via degli Equi, 13
- 🕐 18.30-00.30 h. Cierra: D; Vacaciones: ago.
- 🚌 Termini. K71, 492

Roma Sur

Hostaria Antica Roma (M)

Si uno se encuentra visitando la Via Appia Antica, o simplemente, si se tiene la curiosidad de saber cómo comían los antiguos romanos, entonces este es el restaurante donde acudir. También sirve comida romana moderna.

- ✉ Via Appia Antica, 176
- 📱 www.facebook.com/apicio68/menu
- 🕐 12-14.45 y 19.30-23 h Cierra L y D: noche.
- 🚌 118

Roma Norte

Ops! (E-M)

No muy lejos de la Galleria Borghese y del MACRO, se sitúa este restaurante que sirve cocina vegana mediterránea y sana al peso (opciones sin gluten). Sus postres son fantásticos.

- ✉ Via Bergamo, 56
- 🏠 http://opsveg.com
- ⏰ Apertura del bufé:
  L-D: 12.30-15.30 h
  y M-D: 19-22 h
- 🚇 Castro Pretorio

ALREDEDORES DE ROMA

Bracciano

Pane e Olio (M)
Ubicado en un palacio del siglo XVII, en la plaza del famoso castillo Odescalchi. Propuestas culinarias de cocina regional con un toque de creatividad.

- ✉ Piazza Mazzini,11
- ☎ 06 998 03 433
- ⏰ 10-15 y 18-23 h.
  J hasta 24 h.

Castel Gandolfo

Antico Ristorante Pagnanelli (M)
En Roma se dice "*sentir-si come un Papa*". Pues aquí, en la ciudad donde veranea el Pontífice, y en este restaurante con una vista panorámica sobre el Lago Albano que corta el aliento, uno se puede sentir así. Especializado de carne y pescado con una carta que varía según la temporada.

- ✉ Via Antonio Gramsci, 4
- 🏠 www.pagnanelli.it
- ⏰ 10-24 h

Frascati

Fontana Vecchia (M-C)
Restaurante familiar sin alardes en su decoración, de corte tradicional, que está especializado en pescado, marisco, cocina italiana y mediterránea.

- ✉ Via Don Bosco, 61
- ☎ 06 941 9788
- ⏰ M-S: 20-24 h
  y D:12.30-16 h. Cierra L.

Ostia Antica

Monumento (M)
Situado cerca se las excavaciones arqueológicas de Ostia Antica, este restaurante propone recetas tradicionales, principalmente a base de pescados llegados del puerto de Fiumicino.

- ✉ Piazza Umberto I, 8
- 🏠 ristorantemonumento.it
- ⏰ 11.30-23 h.
  Vacaciones: nov.

Terracina

La Lanterna (C)
En corazón del Borgo Pio, ofrece una cocina mediterránea que cuida los detalles sin olvidarse de su carta de vino y de la parte de dulce.

- ✉ Piazza della Repubblica, 27
- 🏠 lalanternaterracina.it
- ⏰ 9-23.30 h. X: cerrado.

Tivoli

Il ciocco (M)
Espectacular restaurante con una localización privilegiada y unas impresionantes vistas. Especializado en pizza y cocina italiana.

- ✉ Via Ponte Gregoriano, 33
- 🏠 ristoranteilciocco.com
- ⏰ 12-15 y 19.30-23 h. Cierra L en comidas.

Villa Adriana

Ristorante-Pizzeria Villa Esedra (M)
A unos 200 m de Villa Adriana se encuentra este restaurante que se centra en la gastronomía regional con toques contemporáneos y una extensa oferta de pizza. Ofrecen un menú de tierra, uno de mar y uno de pizza.

- ✉ Via di Villa Adriana, 51
- 🏠 ristorantevillaesedra.it
- ⏰ 12-15 y 19.30-23 h.
  X: cerrado

Viterbo

Al Vecchio Orologio (M)
Esta céntrica *osteria-pizzería* ofrece entre las especialidades locales, carnes a la brasa y unas sopas deliciosas.

- ✉ Via Orologio Vecchio, 25
- 🏠 www.alvecchioorologio.it
- ⏰ M-D: 12.30-14.30 y
  X-D: 19.30-22.30 h

Veganos y vegetarianos

En Roma, a los clásicos restaurantes vegetarianos se han ido sumando establecimientos veganos (elaboran sus platos sin ingredientes de origen animal) y cuentan con variadas propuestas con comida crudivegana, *fast food* o ecológica. Si bien en la carta de cualquier restaurante se encuentran platos vegetarianos o veganos o se pueden adaptar. Las verduras se preparan de muchas formas: ensaladas, con arroz, con pasta, rellenas, al horno, etc. www.viverevegan.org / www.happycow.net/ europe/italy/rome

Alojamiento

CENTRO DE ROMA

Navona-Campo de Firi -Panteón-Via

Giulia

Adriano*** (M)
Céntrico hotel de gestión familiar, ubicado en un palacio del Setecientos entre la Piazza Navona y Montecitorio. Reformado ofrece todo el confort con una cuidada decoración.
- ✉ Via di Pallacorda, 2
- 🌐 www.hoteladriano.com
- 🚌 70, 81, 87, 116, 492, 628

Grand Hotel de la Minerve***** (C)
Este lujosísimo establecimiento lo tiene todo, ya que está ubicado en un palacio del siglo XVII en el centro histórico, a pocos metros del Panteón y ofrece servicios refinados. Estupenda la vista que se goza desde su restaurante en la terraza panorámica.
- ✉ Piazza della Minerva, 69
- 🌐 grandhoteldelaminerve.com
- 🚌 8

Pantheon**** (M)
Pequeño y elegante hotel con encanto, ubicado en un palacio del siglo XVIII. Se encuentra en un posición privilegiada a pocos pasos del Panteón. Sus amplias y acogedoras habitaciones tienen una cuidada decoración con muebles de roble y con techos de vigas a la vista.
- ✉ Via dei Pastini, 131
- 🌐 hotelpantheon.com/es
- 🚌 8

Raphaël***** (C)
A pocos pasos de Piazza Navona, en un palacio con la fachada cubierta de hiedra, está este pequeño y lujoso hotel, que en su interior esconde un museo de obras de arte (cuadros, litografías, esculturas…). Refinada decoración clásica en sus habitaciones -entre ellas varias suites exclusivas- y una fantástica vista desde su terraza.
- ✉ Largo Febo, 2
- 🌐 biohotelraphael.com
- 🚌 70, 81, 87, 116, 492, 628

Tridente

Rome Style Hotel ****(C)
Hotel moderno que deja un hueco a la tradición con un toque de exclusividad en sus instalaciones.
- ✉ Via Due Macelli, 106
- 🌐 www.thestylehotelroma.it
- 🚌 Spagna

Forte*** (M)
En un palacio del Seiscientos, en la pintoresca Via Margutta, muy cerca de la Piazza di Spagna, se ubica este elegante hotel. Sus habitaciones no son grandes, pero son confortables y bien decoradas.
- ✉ Via Margutta, 61
- 🌐 www.hotelforte.com
- 🚌 Flaminio, Spagna

Hassler Villa Medici***** (C)
Este hotel, caracterizado por su lujo de estilo clásico, es considerado uno de los mejores de Europa. Se encuentra en posición panorámica, sobre las escaleras de Trinità dei Monti, en Piazza di Spagna. Ofrece unas vistas únicas sobre la ciudad.
- ✉ Piazza Trinità dei Monti, 6
- 🌐 hotelhasslerroma.com
- 🚌 Spagna

Rocco Forte Hotel De Russie ***** (C)
Histórico hotel de gran lujo situado muy cerca de la Piazza del Popolo. En sus espléndidas habitaciones se han alojado famosos personajes como Picasso y Cocteau. Se garantiza un estancia de altísimo nivel en todos los sentidos.
- ✉ Via del Babuino, 9
- 🌐 www.roccofortehotels.com
- 🚌 Flaminio

Hiberia*** (M)
Céntrico hotel ubicado muy cerca del Palazzo del Quirinale. La decoración conjuga lo clásico con lo moderno y algunas de sus habitaciones tienen vistas sobre la ciudad.
- ✉ Via XXIV Maggio, 8
- 🌐 www.hotelhiberia.it
- 🚌 40, 60, 64, 70, 170

Precios

Los hoteles en Roma, a pesar de la gran oferta, no son nada baratos y las tarifas pueden variar en algunos meses o determinadas festividades. Los precios indicados en la guía se refieren a una habitación doble con baño, salvo que se indique lo contrario en la información, y se ha tomado de referencia el precio medio proporcionado por los establecimientos. En fechas como Navidad o Semana Santa, pueden sufrir un incremento.

(E) = menos de 125 €

(M) = entre 125 y 225 €

(C) = más de 225 €

Coliseo-Palatino-Foro Romano-Campidoglio

Mercure Roma Centro Colosseo **** (M)

Moderno y funcional hotel a pocos metros del Coliseo. Cuenta con una piscina en la terraza panorámica con vistas al monumento más famoso de la ciudad.

- ✉ Via Labicana, 144
- ☎ all.accor.com
- 🚇 Colosseo

Termini-Piazza de la República-Vía Veneto

Caracciolo*** (E)

Este establecimiento cuenta con 14 habitaciones, cuidadosamente amuebladas y decoradas en tonos azules; se ubica en un palacio de principios del siglo xx en las cercanías de la estación de Termini.

- ✉ Via Cairoli, 86/88
- ☎ www.hotelcaracciolo.com
- 🚇 Vittorio Emanuele.

Dorica*** (E)

Céntrico hotel de gestión familiar, situado en el Viminale, no lejos de la Estación de Termini. Cuenta con habitaciones sencillas pero acogedoras. Buena relación calidad-precio.

- ✉ Piazza del Viminale, 14
- ☎ www.hoteldorica.com
- 🚇 Repubblica, Cavour

Exe International Palace**** (M)

Grande y refinado establecimiento ubicado en un palacio del siglo xix, en una de las vías más comerciales de la ciudad. Garantiza una estancia de alto nivel.

- ✉ Via Nazionale, 46
- ☎ www.eurostarshotels.it
- 🚇 Repubblica

Anantara Palazzo Naiadi Rome Hotel***** (C)

Elegante hotel, de estilo neoclásico situado en la Piazza della Repubblica, en un edificio del siglo xix. Ha sido totalmente reformado y cuenta con lujosas habitaciones y terraza panorámica con piscina.

- ✉ Piazza della Repubblica, 48
- ☎ www.anantara.com
- 🚇 Repubblica

Kennedy*** (E)

Pequeño y acogedor hotel que se encuentra entre la estación Termini y Santa Maria Maggiore. Las habitaciones han sido reformadas y ofrece un pequeña biblioteca internacional a los huéspedes.

- ✉ Via Filippo Turati, 62-64
- ☎ www.hotelkennedy.net
- 🚇 Termini

Montecarlo*** (E)

Es un elegante hotel de gestión familiar ubicado cerca de la estación de Termini. Las habitaciones son sencillas y están decoradas en estilo clásico. Buen servicio.

- ✉ Via Palestro, 17/A
- ☎ www.hotelmontecarlo.it
- 🚇 Castro Pretorio

Piemonte*** (E)

Este hotel de 34 habitaciones está situado en la zona de la estación de Termini. Dispone de una gestión familiar y habitaciones amplias. Buena relación calidad-precio.

- ✉ Via Vicenza, 32/C
- ☎ www.hotelpiemonte.com
- 🚇 Castro Pretorio, Termini

Windrose*** (M)

Bien situado, en las cercanías de la estación de Termini, este hotel cuenta con un personal amable y ofrece un buen servicio. Las habitaciones son elegantes y confortables. El desayuno se puede tomar en la terraza de la última planta.

- ✉ Via Gaeta, 39
- ☎ www.hotelwindrose.com
- 🚇 Termini

Esquilino-Monti

Antica Locanda** (E)

Pequeño hotel cercano a los Foros Romanos cuyas habitaciones, muy bien acondicionadas, tienen cada una el nombre de un famoso músico clásico o artista y están decoradas de forma diferente.

- ✉ Via del Boschetto, 84
- ☎ www.anticalocandaroma.it
- 🚇 Cavour 🚌 117

Trastevere-Testaccio

Grand Hotel del Gianicolo**** (M)

Situado en las cercanías del Gianicolo, en una zona panorámica, este hotel con piscina y jardín ofrece una óptima relación calidad-precio.

- ✉ Viale delle Mura Gianicolensi, 107
- ☎ www.grandhotelgianicolo.it
- 🚌 115, 710, 870, 984

FUERA DEL CENTRO

Roma Oeste

Tmark Hotel Vaticano **** (M)

Este elegante establecimiento familiar está ubicado frente a los Museos Vaticanos. Dispone de 21 habitaciones amuebladas con buen gusto y tres lujosas suites.

- ✉ Viale Vaticano, 99
- ☎ www.tmarkhotelvaticano.it
- 🚇 Cipro. 🚌 49

Emmaus*** (E)

Este establecimiento se encuentra a pocos metros de la Ciudad del Vaticano y ofrece espaciosas habitaciones, muchas de ellas con vistas a la Basílica de San Pedro.

- ✉ Via delle Fornaci, 23/25

Las estrellas

La clasificación por estrellas de los hoteles de Roma no siempre se corresponde con la española. Va de 1 a 5 estrellas, pero muchos de los hoteles de 3 estrellas parecen de una categoría inferior si se compara con los establecimientos españoles.

🏠 www.emmaushotel.com
🚉 Estación FS San Pietro.

Hotel Franklin Feel the Sound**** (M)

Moderno y original hotel "musical" en la zona del Vaticano. Las habitaciones llevan el nombre de distintos estilos musicales: (Pop, Rock, Blues...) y cuentan con equipos de música para completar la experiencia que ofrece.

✉ Via Rodi, 29
🏠 franklinhotelrome.it
🚇 Ottaviano

Pacific*** (E)

Este hotel está ubicado cerca de los Museos Vaticanos y San Pedro. Moderno y funcional, con habitaciones confortables. Buena relación calidad-precio.

✉ Viale delle Medaglie d'Oro, 51
🏠 hotelpacificroma.com
🚌 907, 913, 990, 991, 999

Prati** (E)

Pequeño hotel familiar en el barrio de Prati, a poca distancia del Vaticano y del Castel Sant'Angelo, y junto a la zona comercial de Cola di Rienzo. Habitaciones sencillas pero cómodas. Buena relación calidad-precio.

✉ Via Crescenzio, 89
🏠 www.hotelprati-roma. com
🚌 23, 34, 49, 492, 982, 990

Roma Aurelia Antica**** (M)

Ubicado en la periferia, al oeste de la ciudad, este gran hotel ofrece todas las comodidades (piscina, *fitness center,* etc.).

✉ Via degli Aldobrandeschi, 223
🏠 hotelromaureliantica.com
🚉 Stazione FS Aurelia

Roma Norte

Green Hotel**(E)

Modesto alojamiento, ubicado en la tranquila zona entre Porta Pia y el parque de Villa Torlonia. En un entorno agradable Dispone de unas habitaciones sencillas, pero con todas las comodidades.

Ofrece una buena relación calidad-precio.

✉ Viale Regina Margherita, 255
🏠 greenhotelroma.com
🚌 3, 19

Albergues juveniles

Free Hostels Roma (E)

A unos 20 minutos andando de la estación Termini y a 15 minutos del Coliseo. Ofrece un alojamiento sencillo y a buen precio.

✉ Via Luigi Luzzatti, 3
🏠 free-hostels.com
🚇 Vittorio Emanuele o Manzoni.

Youth Station Hostel (E)

Hostal que se encuentra muy cerca de Piazza Bologna y dondestaca su económico precio.

✉ Via Livorno, 5
🏠 www.youthstation.it
🚇 Bologna

Campings

hu Roma camping in town (E)

Está abierto todo el año y se ubica en un parque a solo 4 km del Vaticano. Cuenta con un restaurante, disco-pub, piscina y bungalow de alquiler.

✉ Via Aurelia, 831
🏠 roma.huopenair.com/
🚉 Stazione FS Aurelia.

Village Flaminio Bungalow Park (E)

Además de plazas para acampar, en esta estructura de la periferia norte de la ciudad, abierta todo el año, se pueden alquilar habitaciones y apartamentos. Tiene piscina, restaurante y dispone de tienda de alimentación.

✉ Via Flaminia Nuova, 821
🏠 www.villageflaminio.com
🚇 Due Ponti

Camping Azzurro (E)

Buena estructura dotado de todas las comodidades

Reservas e impuesto turístico

Hay que reservar con tiempo, ya que Roma es una de las ciudades más turísticas del mundo y, tiene una gran demanda de plazas hoteleras durante todo el año. Se suele solicitar una tarjeta de crédito para garantizar la reserva en los hoteles de cualquier categoría. Otra alternativa para encontrar alojamiento es gestionarlo a través de los PIT (Punti di Informazione Turistici) di Roma, que se sitúan en los aeropuertos y puntos más turísticos (▶125) www. turismoroma.it/es. Hay que tener en cuenta el pago del impuesto turístico que oscila de 3 a 10 € por noche dependiendo de la categoría del establecimiento.

a orillas del Lago de Bracciano. También se alquilan casas de madera.

✉ Via Settevene Palo, km 21. Bracciano (RM)

🌐 www.campingazzurro.it

🚉 Stazione FS Bracciano

Camping Internazionale Castelfusano (E)

Este camping se encuentra cerca de Ostia, a unos 25 km de la capital. Dispone de piscina, pistas de tenis, supermercado, restaurante y discoteca. También alquilan habitaciones con baño y *bungalows*. A unos 2 km al sureste están las playas romanas, de la zona conocida como "*dei cancelli*".

✉ Via Litoranea, 132. Lido di Ostia

🌐 romacampingcastelfusano.it

🚉 Ostia Lido Centro

ALREDEDORES DE ROMA

Tarquinia

Hotel Tarconte*** (E)

Este hotel está ubicado en el centro de la ciudad y ofrece una óptima relación calidad-precio. Ofrece bonitas vistas desde su terraza. Asimismo cuenta con un restaurante que está especializado en platos locales.

✉ Via della Tuscia, 19

🌐 www.hoteltarconte.it

Terracina

Hotel Maga Circe**** (M)

De gestión familiar, este hotel situado frente al mar se encuentra a unos 15 km de Terracina, en la localidad costera de San Felice Circeo. Dispone de habitaciones bien acondicionadas, piscina con agua de mar y un buen restaurante.

✉ Via Ammiraglio Bergamini, 7- San Felice Circeo (LT)

🌐 www.hotelmagacirce.it

Tivoli

Hotel Dimora Adriana*** (E)

Establecimiento ubicado en las cercanías de Villa Adriana y dotado con habitaciones muy confortables.

✉ Via Maremmana Inferiore km 2,100 Villa Adriana (RM)

🌐 www.dimoraadriana.it

❙ Ir de compras

Antigüedades y Arte

Di Castro

La galería especializada en grabados de Alberto Di Castro, siendo una de las más famosas y mejor surtidas en su oferta de la ciudad de Roma. Especialmente interesantes son los grabados dedicados a la propia Roma, ya sean de vistas de la ciudad en distintas épocas o recreaciones de escenas tradicionales.

✉ Pizza di Spagna, 5

🌐 dicastro.com

🚉 Flaminio, Spagna

Milena Tanca

Esta tienda, en la calle de anticuarios más famosa, pertenece a una familia con tradición en el sector. En su establecimiento se pueden encontrar piezas de gran valor entre muebles, esculturas, joyas, grabados, cerámicas o pinturas.

📠 Via dei Coronari, 33-34
📞 www.carillonantichi.com
🚌 46, 70, 81, 98, 116

Paolo Antonacci Antichità
En este anticuario se encuentran sobre todo pinturas. Particularmente interesantes las colecciones de vistas de Roma realizadas por pintores italianos y extranjeros en siglos pasados.

📠 Via Alibert, 16/a
📞 www.paoloantonacci.com
🚇 Spagna

Librerías

La Feltrinelli Libri e Musica
Cadena de librerías con varios puntos de venta en la ciudad. Son las mejor surtidas de Roma y también venden música y películas. Algunas cuentan con cafetería.

📠 Largo di Torre Argentina, 5A
📞 www.lafeltrinelli.it
🚇 8 🚌 30, 40, 46, 62, 64, 70

Punto Touring
Librería del Touring Club Italiano especializada en viajes, donde encontrar cualquier tipo de mapa o de guía turística. También es agencia de viajes.

📠 Piazza Santi Apostoli, 62/65
📞 www.touringclub.it
🚌 70, 81, 87, 492

Juguetes

Città del Sole
Para niños de todas las edades, esta cadena es un verdadero paraíso porque pueden encontrar cualquier tipo de juguete o de libro infantil que deseen los más pequeños.

📠 Via della Scrofa, 65
📞 www.cittadelsole.it
🚌 70, 87, 116, 186

Al Sogno
Quizás sea el mejor sitio de Roma para encontrar peluches increíbles. Más que una juguetería parece un museo por sus muñecas de porcelana o las colecciones de hadas y elfos. Sus precios son altos dada su exclusividad.

📠 Piazza Navona, 53
📞 www.alsogno.com
🚌 70, 81, 87, 116

Ropa niños

Benetton
Esta conocida marca italiana hace ropa colorida, informal y divertida también para los más pequeños. Hay tiendas distribuidas por toda la ciudad.

📠 Via del Corso, 413/414/415
📠 Piazza Fontana di Trevi 91/94
📠 Via Cola di Rienzo 193-209
📞 www.benetton.com

Moda y diseñadores

Giorgio Armani Women
Posiblemente el diseñador italiano con más proyección internacional. Esta tienda está dedicada a su colección para mujer. En Via del Babuino, 140 está la tienda más asequible de la marca: *Emporio Armani*.

📠 Via Condotti, 77
📞 www.armani.com
🚇 Spagna

Roberto Cavalli
La boutique, famoso por sus estampados animales,

Grandes almacenes

No abundan en Roma, pues los italianos prefieren los pequeños negocios. El más conocido Coin (Via Cola di Rienzo). Mas pequeñas son las cadenas Upim y OVS, en distintos puntos de la ciudad. En el centro no hay grandes centros comerciales con excepción de la Galleria Alberto Sordi (Piazza Colonna), que reabrió a finales de 2023 tras una reforma, pero se están instalando fuera.

situada en pleno centro de Roma.

- ✉ Via del Babuino, 97
- 🌐 www.robertocavalli.com
- 🚇 Spagna

Dolce & Gabbana

Su peculiar estilo, el preferido de algunas estrellas del pop, les dio la fama internacional. En su *boutique* cuentn con colecciones de hombre y mujer y complementos.

- ✉ Piazza di Spagna, 94-100
- 🌐 www.dolcegabbana.com
- 🚇 Spagna

Fendi

Esta casa de moda familiar tiene actualmente su sede en el llamado Palazzo Fendi, un gran edificio del siglo XIX. Aquí puede verse su colección y sus famosos bolsos.

- ✉ Largo Goldoni, 419-421
- 🌐 www.fendi.com
- 🚇 Spagna

Gucci

Su fachada es una de las estampas más famosas de Via Condotti. En su interior los famosos zapatos, complementos y ropa para hombre y mujer.

- ✉ Via Condotti, 8
- 🌐 www.gucci.com
- 🚇 Spagna

Valentino

El diseñador romano más famoso a nivel internacional, sobre todo por los preciosos vestidos de noche que han lucido artistas y primeras damas. Es sinónimo de lujo y elegancia.

- ✉ Piazza di Spagna, 38
- 🌐 www.valentino.com
- 🚇 Spagna

Moda: "casual"

Diesel

Marca italiana de ropa *casual* masculina y femenina. De las preferidas por los más jóvenes por sus *jeans*.

- ✉ V a Del Corso, 118
- 🌐 www.diesel.com
- 🚇 Barberini

Outlets

Designer Outlet Castelromano McArthurGlen

Es un espacio comercial en las afueras que ofrece ropa, calzado y accesorios de las mejores marcas italianas, de temporadas anteriores con grandes descuentos.

- ✉ Via Ponte di Piscina Cupa, 64 Strada Statale 148. Pontina (salida Castel Romano)
- 🌐 www.mcarthurglen.com/it/outlets/it/designer-outlet-castel-romano/

Joyerías

Bulgari

Bulgari es la más famosa joyería italiana. Sus diseños son mundialmente al igual que sus elegantes relojes. Su escaparate es uno de los más concurridos en la calle de la moda romana.

- ✉ Via dei Condotti, 10
- 🌐 www.bulgari.com
- 🚇 Spagna

Massoni

Es la joyería más exclusiva y antigua de Roma; comenzó su actividad en 1790. Espectaculares diseños con piedras preciosas.

- ✉ Via Margutta, 54/A
- 🌐 www.massoni.it
- 🚇 Barberini

Complementos

Borsalino

Más de un siglo tiene esta tienda de sombreros que ofrece desde los clásicos a diseños originales para mujeres; también, accesorios como bufandas o corbatas.

- ✉ Piazza del Popolo, 20
- 🌐 www.borsalino.com
- 🚇 Flaminio

Horarios

Las tiendas suelen abrir de 9 a 13 h y de 15.30 a 19.30 h; algunas no abren los lunes por la mañana y solo lo hacen los domingos antes de Navidad. Los horarios se están flexibilizando y muchos negocios no cierran al mediodía y/o abren lunes y domingo todo el día.

Precios

Son altos, pero el diseño italiano goza de merecida fama internacional, tanto en ropa, zapatos y complementos, como en diseño de interiores y ropa para la casa. Durante el periodo de rebajas (mediados de enero y mediados de julio) se encuentran buenos descuentos y también hay *outlets* donde comprar prendas de temporadas anteriores rebajadas.

Ottica Vasari

Las gafas de sol son un imprescindible en Italia. Vasari cuenta con varios establecimientos en Roma en los que se muestran las últimas tendencias.

- ✉ Via della Croce, 74
- 🌐 www.otticavasari.it
- 🚇 Spagna

La Perla

Es una marca de lencería italiana. También apuesta en su oferta por la ropa y accesorios para la mujer. Es reconocida a nivel internacional por su elegancia y glamour.

- ✉ Via Bocca di Leone, 28
- 🌐 www.laperla.com
- 🚇 Spagna

Souvenirs

Las tiendas para comprar recuerdos se encuentran por toda la ciudad, también los venden en puestos callejeros, no siempre tan baratos. Los recuerdos más típicos son reproducciones de los principales monumentos en cualquier formato y gorras y camisetas del equipo de fútbol local o de la selección italiana. Los recuerdos religiosos abundan en el Vaticano, en las tiendas de los alrededores y en la Via dei Cestari, donde se vende la mayoría de las vestimentas religiosas y los objetos de la liturgia.

Objetos de regalo y religiosos

Al Pellegrino Cattolico

Esta es una de la muchas tiendas que hay junto al Vaticano donde se puede encontrar diversos regalos y recuerdos religiosos, sobre todo relacionados con el Papa y la visita a San Pedro.

✉ Via di Porta Angelica, 81
📞 06 6880 2351
🚌 23, 34, 40, 62 🚇 19

Savelli Religious

Junto a la Piazza San Pietro fue fundada en 1898 y es una de las más antiguas especializadas en objetos religiosos. Dispone de cualquier tipo de recuerdo que se pueda imaginar y no solo de carácter religioso.

✉ Via Paolo VI, 27
🌐 www.savellireligious.com
🚌 23, 49, 81, 271

Gastronomía

Castroni

Es una de las tiendas de gastronomía mejor surtida con productos nacionales e internacionales de gran calidad. Pasta y salsas, vinos y licores italianos, aceites de oliva, *l'aceto balsamico di Modena*, dulces típicos y café que también puede tomarse allí. Hay varios establecimientos por la ciudad.

✉ Via Ottaviano, 55
🌐 www.castroni.it
🚇 Ottaviano

Mercados

Campo de' Fiori

Cada mañana, excepto el domingo, se celebra el más pintoresco mercado. Puestos de frutas y verduras, que no han cambiado en siglos. Uno de los lugares más típicos de Roma.

✉ Piazza Campo de' Fiori
🚌 40, 46, 62, 64, 190

Testaccio

En Testaccio, su mercado se ha convertido en un centro imprescindible para saborear la gastronomía romana. Además de poder conocer a multitud de artesanos y sus trabajos. Se celebra de lunes a sábado por la mañana.

✉ Vías Beniamino Franklin, Alessandro Volta, Aldo Manuzio y Lorenzo Ghiberti.
🌐 www.mercatoditestaccio. it/info
🚇 Piramide

Mercato delle Stampe

Este mercadillo se celebra todas las mañanas excepto los domingos. Aquí se pueden encontrar grabados, libros antiguos, discos en vinilo, viejas revistas. El lugar ideal para los coleccionistas.

✉ Largo Fontanella di Borghese
🚌 81, 119, 224, 913

Porta Portese

Es el mercado dominical más grande y famoso de Roma. Se extiende desde la Piazza di Porta Portese a Via Ippolito Nievo, en el barrio de Trastevere. Aquí se vende un poco de todo. Está siempre muy concurrido, también de carteristas, por lo que hay que tener cuidado.

✉ Piazza di Porta Portese
🚌 23, 44, 75

Via Sannio

Este mercado se celebra todas las mañanas excepto los domingos en la zona de San Giovanni. Se vende principalmente ropa, en algunos puestos es de segunda mano, aunque se puede encontrar un poco de todo: bolsos, zapatos, bisutería, etc.

✉ Via Sannio
🚇 San Giovanni

∎ Llevar a los niños

Ruinas antiguas

El monumento romano que más suele gustar a los niños es el Coliseo (► 18), donde se les puede explicar cómo era el antiguo circo. También son interesantes las grandes áreas arqueológicas al aire libre, por donde pueden moverse con libertad entre las ruinas y hacerse una idea de cómo era la vida en la antigua Roma: el Foro (► 24) como centro de la vida pública, el Palatino (► 65) con los palacios de los emperadores, las Termas de Caracalla (► 71) como centro de ocio, Ostia Antica (► 99) y sus mosaicos de las actividades comerciales del puerto o el Parco de la Via Appia Antica (► 83) por donde pasaron tantas legiones romanas.

Iglesias

Muchas de las centenares de iglesias pueden despertar la curiosidad de los más pequeños, sobre todo las decoradas con frescos y mosaicos. San Clemente (► 80) con sus diversos niveles, Sant' Ignazio con los efectos ópticos de sus frescos, Santa Maria in Cosmedin (► 69) o San Pedro ► 32).

Parques

Roma está llena de parques y espacios verdes donde acudir con los niños (ver parques y jardines (► 15). En pleno centro se encuentra la mejor opción para los niños, Villa Borghese, donde es posible jugar en las múltiples zonas de recreo, alquilar bicicletas y barcas o ir al teatro de títeres

Museos

Explora–Il Museo dei Bambini
Para niños de hasta 12 años con una superficie

Ocio en familia en el barrio Europa (EUR)

Si se viaja en familia y se quiere salir del centro de la ciudad, una excelente opción es el barrio Europa (EUR), en la parte sur y conectado a través del metro, entre veinte y treinta minutos de viaje dependiendo de la parada en la que se suba. Pensando en los niños y analizando cuales son sus inquietudes, puede ser interesante una visita al **Museo de las civilizaciones** compuesto por: el **museo de la Prehistoria** (► 97) para los fascinados por la historia, al igual que el **museo de la Alta Edad Media** (► 97), el **museo del arte y las tradiciones populares** (► 97), que alberga una colección de elementos curiosos de la vida cotidiana de las distintas regiones italianas y el **museo de Arte Oriental** (► 97). Los cuatro museos son vecinos y los niños y adolescentes por debajo de 18 años entran gratis.

En cuanto a los padres y madres o familiares adultos pueden adquirir una entrada combinada y deben saber que el primer domingo de mes los museos nacionales son gratuitos.

En las proximidades de estos museos, en la Piazza G. Agnelli, 10 se alza el **Planetario y Museo Astronómico**, ideal para que se familiaricen con estrellas, galaxias y los planetas del sistema solar (www.planetarioroma.it). El final o un descanso en una activa mañana puede desembocar en la zona de ocio al aire libre más popular del barrio: **Parco Lago dell' EUR** (► 97), que ofrece la posibilidad de hacer un pícnic sobre su césped e incluso surcar el lago en barca. Además los fines de semana, se puede asistir a espectáculos más o menos improvisados destinados a los niños que hasta allí acuden. Desde esta zona verde es fácil regresar al centro porque junto a ella se localiza una boca de metro.

Navidad

Desde primeros de diciembre y hasta la Epifanía (6 de Enero), las calles están decoradas e iluminadas con motivos navideños y muchas aceras están cubiertas con alfombras rojas. En la Piazza Navona se instala una mercadillo navideño. En muchas iglesias se exhiben belenes.

Las fiestas terminan el 6 de enero con la celebración de la fiesta de la Befana, que trae a los niños dulces y golosinas en las calze (calcetines). Entre los dulces más típicos de la Navidad se encuentran el panettone y el pandoro.

Carnaval

Durante la semana que dura el Carnaval, la mayor parte de los niños se disfrazan de sus personajes favoritos y recorren las calles lanzando al aire confeti. También en algunas plazas se organizan desfiles.

de 2.000 m². Es el sitio ideal para que disfruten, jueguen, experimenten y liberen su fantasía en esta pequeña ciudad a su medida, a la vez que aprenden. La visita dura aproximadamente 1 hora y 45 minutos.

- Vía Flaminia, 80/86
- www.mdbr.it
- M-V: a las 12 h, a las 15 y a las 17 h y S-D: también a las 10 h.
- Flaminio

Museo Civico di Zoologia (▶90).

Museo Nazionale delle Paste Alimentari

En Italia la pasta es toda una institución nacional, por lo que no es de extrañar que exista un museo dedicado al principal plato del país. Proporciona toda clase de información sobre la pasta, su historia y sus métodos de producción y conservación.

- Piazza Scanderbeg, 117
- fondazionevincenzoagnesi.it
- Cerrado y pendiente de reubicación fuera de Roma en Pontedassio (Liguria)

Parques temáticos y de atracciones

Auditorium Parco della Musica

Suelen organizar actividades musicales y culturales también para los más pequeños y cuenta con un museo de instrumentos musicales, otro de arqueología y uno dedicado a la civilización griega. En invierno, en la cávea central del anfiteatro, instalan una pequeña pista de hielo.

- Viale Pietro de Coubertin, 30
- www.auditorium.com
- 2
- Gratis a museos

Bioparco

Situado en Villa Borghese, es el zoo de Roma. Fundado en 1911, es uno de los más antiguos de Europa. En sus instalaciones pretende integrar a los animales mediante la recreación de su hábitat natural.

- Viale del Giardino Zoologico, 20
- abr.-oct. 9.30-18 h; sábado-domingo de abr.-sep. 9.30-19 h; resto del año 9.30-17 h
- www.bioparco.it
- 3, 19

Parco Acquatico Hydromania

Parque acuático ubicado en la periferia, al oeste de la ciudadn de Roma. Cuenta con grandes toboganes, piscina de olas, hidromasaje, piscina olímpica y muchos juegos para los más pequeños. También cuenta con varios bares, restaurante y tiendas.

- Vicolo del Casale Lumbroso, 200 - Roma (Grande Raccordo Anulare, salida 33, Pescaccio Casal Lumbroso)
- www.hydromania.it
- De junio a principios de septiembre. L-V: 9.30-18.30 y los fines de semana hasta las 19 h.

Zoomarine

Parque zoológico acuático y de diversión a unos 25 km al sur, donde se pueden ver focas, leones marinos, aves tropicales, rapaces y delfines. Atracciones acuáticas y espectáculos para los niños.

- Vía Zara - Torvaianica (RM) (S.S. 148 Pontina, salida Pomezia Torvaianica)
- www.zoomarine.it
- Consultar calendario en su web. Los horarios varían mucho.

Il San Carlino - il teatro dei burattini a Roma

En Villa Borghese se encuentra este pequeño teatro de títeres que da a conocer las historias tradicionales italianas. Las marionetas de *Arlecchino*, *Pulcinella* o *Mangiafuoco* son clásicos personajes de la tradición italiana que llevan divirtiendo a generaciones y generaciones de niños.

- Viale dei Bambini, Pincio, Villa Borghese
- sancarlino.it
- Flaminio

▌Divertirse

Cine

Adriano
Cine multisalas de estrenos ubicado en el antiguo Teatro Adriano.
- ✉ Piazza Cavour, 22 B
- 🌐 www.ferrerocinemas. com/adriano/
- 🚌 34, 70, 81, 492, 913

Alcazar
En el popular barrio de Trastevere, exhibe películas de estreno.
- ✉ Via Cardinal Merry del Val, 14
- ☎ 06 588 00 99
- 🚌 8 🚌 H, 780

Greenwich
Cine de calidad en el barrio de Testaccio. Ofrece una alternativa al cine más comercial.
- ✉ Via G. Bodoni, 59
- 🌐 multisalagreenwichroma. com
- 🚇 Piramide. 🚌 3

Cines italianos
En Italia la mayoría de las películas extranjeras se doblan y sus dobladores gozan de merecida fama por su trabajo, si bien existen algunos cines que programan películas en versión original. La producción cinematográfica italiana es bastante grande, aunque la mayoría de las salas tienden a ofrecer cine comercial estadounidense. Durante el verano hay varios cines al aire libre por la ciudad que exhiben una programación variada entre clásicos y novedades.

Multiplex Barberini
Multisala en la Piazza Barberini. Ofrece películas comerciales.
- ✉ Piazza Barberini, 24/26
- 🌐 multisala. barberini.18tickets.it
- 🚇 Barberini

Nuovo Sacher
Cine del Trastevere propiedad del actor y director Nanni Moretti (autor *Caro Diario*). Su programación se centra en los estrenos menos comerciales siguiendo el criterio de Moretti. Suele exhibir películas también en versión original. Durante el verano las películas se ofrecen en una zona adyacente al aire libre.
- ✉ Largo Ascianghi, 1
- 🌐 www.sacherfilm.eu
- 🚌 44, 75, 780 🚌 8

The Space
Modernísimo cine multisala con todas las novedades tecnológicas y algunas salas con grandes pantallas panorámicas.
- ✉ Piazza della Repubblica, 43-45
- 🌐 www.thespacecinema.it
- 🚇 Repubblica

Teatro y danza

Argentina
Este edificio del siglo XIX, de propiedad estatal, es la sede de la Compañía de Teatro Permanente de Roma. En su repertorio predominan las obras clásicas, tanto antiguas como modernas.
- ✉ Largo di Torre Argentina, 52
- 🌐 www.teatrodiroma.net
- 🚌 8

Globe Theatre Silvano Toti
Se encuentra en la Villa Borghese y se trata de un edificio circular de madera, creado a la manera de los teatros de la época de Shakespeare. Sin embargo tras sufrir un derrumbe durante una obra en 2022, su futuro es incierto. En 2023 las representaciones tuvieron lugar en el cercano Globe Arena.
- ✉ Viale Pietro Canonica (frente a Piazza di Siena), Villa Borghese
- 🌐 globearena.it
- 🚇 Flaminio, Spagna

Olimpico
En este teatro es posible asistir a conciertos de música de cámara y sinfónica, espectáculos de danza y representaciones teatrales. Es sede de la Academia Filarmónica Romana.
- ✉ Piazza Gentile Fabriano, 17
- 🌐 www.teatroolimpico.it
- 🚌 2

Sistina
En este teatro suelen representarse sobre todo musicales, tanto las versiones en italiano de grandes éxito extranjeros, como obras propias italianas.
- ✉ Via Sistina, 129
- 🌐 www.ilsistina.it
- 🚇 Barberini

Valle
Es uno de los teatros más antiguos de Roma. En 2011 fue ocupado por profesionales del mundo del espectáculo durante varios años. Posteriormente cerró.
- ✉ Via del Teatro Valle, 21
- 🕐 Cerrado por obras. Reabrirá en 2025.
- 🚌 70, 81, 87, 116, 186, 492, 628

Música clásica y ópera

Auditorium Parco della Musica
Proyectado por Renzo Piano, el Auditorium es uno

de los mayores complejos dedicados a la música del mundo. La moderna estructura posee tres salas de conciertos y un anfiteatro al aire libre, todos con unas fantásticas cualidades acústicas. En la actualidad, la prestigiosa Accademia Nazionale di Santa Cecilia tiene aquí su sede y ofrece la temporada de conciertos de sus orquestas sinfónica y de cámara. Es un centro polivalente que incluye en música jazz, rock, pop, etc., y representaciones teatrales,

exhibiciones cinematográficas o exposiciones. Tiene varios museos gratuitos: instrumentos musicales, arqueología dedicado a la civilización griega.

- ✉ Viale Pietro de Coubertin, 30
- 🌐 www.auditorium.com
- 🌐 www.santacecilia.it
- 🚇 2, 53, 217, 231, 910

Teatro dell'Opera di Roma

Las representaciones de ballet y ópera de Roma tienen lugar en sus tres sedes: en el propio Teatro dell'Opera, en el adyacente Teatro Nazionale y en el verano, en las Terme di Caracalla.

- ✉ Piazza Beniamino Gigli, 7
- 🌐 www.operaroma.it
- 🚇 Repubblica

Jazz y música rock

Alexanderplatz Jazz Club

Es el club de jazz más antiguo de Italia y un referente del jazz de calidad en Roma. Su fundador fue el promotor del Festival de Jazz de Villa Celimontana. Los muros de este local están decorados con firmas y pintadas de los más prestigiosos artistas del jazz que han actuado aquí. Cuenta con un restaurante.

- ✉ Via Ostia, 9
- 🌐 alexanderplatzjazz.com
- 🚇 Cipro, Ottaviano

Big Mama

Histórico local de música en directo del Trastevere, conocido como la "Casa del Blues en Roma". Conciertos de artistas italianos e internacionales.

- ✉ Via San Francesco a Ripa, 18
- 🌐 www.bigmama.it
- 🚇 8 🚌 H, 23, 44, 75

Casa del Jazz

Interesante iniciativa que abrió sus puertas en 2005

en los tres edificios totalmente reestructurados de Villa Osio. Es un auditorio dedicado a la música jazz que cuenta con estudio de grabación, biblioteca, cafetería y restaurante.

- ✉ Viale di Porta Ardeatina, 55
- 🌐 www.casadeljazz.com
- 🚇 Piramide

Gregory's Jazz Club

Otro histórico local de jazz en directo de Roma. Degustación de cervezas internacionales y amplia selección de whiskys; cuenta además con un restaurante.

- ✉ Via Gregoriana, 54/a
- 🌐 www.gregorysjazz.com
- 🚇 Spagna

Palalottomatica

Esta gran estructura del EUR, además de ser sede regular de manifestaciones deportivas, es utilizada para grandes conciertos de música moderna y otros espectáculos. Cuenta con bares y restaurantes.

- ✉ Piazzale dello Sport (EUR)
- 🌐 www. palazzodellosportroma.it
- 🚇 EUR Palasport

Clubes nocturnos y bares

Alibi

Discoteca y bar de ambiente gay, de lo más *trendy* en la zona de diversión nocturna de Testaccio. Uno de los locales más divertidos de la capital; está dividido en tres plantas y una terraza panorámica.

- ✉ Via di Monte Testaccio, 44
- 🌐 www.facebook.com/ AlibiClubRoma
- 🚇 Piramide

Jolie Club

En lugar que ocupó la discoteca Alien. Se divide en varios ambientes. Música a la última y se organizan veladas temáticas.

☒ Via Velletri, 13
📱 www.instagram.com/
jolieclubofficial
🚇 38, 80, 88, 490

Caffè Latino

Lugar ideal para tomar un cóctel mientras se escucha música en vivo. Desde hace años tiene una oferta musical variada (rock, blues, pop, jazz, dance), pero siempre de calidad.
☒ Via di Monte Testaccio, 96
📱 www.facebook.com/
caffelatinodroma/
🚇 Piramide

Fonclea

Fundado en 1977, en este local se organizan todas las noches conciertos en directo de música jazz, soul, funk y rock, y además cuenta con un restaurante. Una interesante propuesta en el barrio de Prati.
☒ Via Crescenzio, 82/A
📱 www.fonclea.it
🚇 Ottaviano

Goa Club

Este club se inauguraba en el año 1996 en lo que era un taller de reparación de motos y se convertiría en una de las discotecas más de moda de la noche romana, siempre a la última en cuanto a la oferta musical, sobre todo techno. De ambiente étnico, organiza veladas con los más famosos *dj* internacionales.

☒ Via Libetta, 13
📱 www.goaclub.com
🚇 Garbatella

Piper Club

Famosa discoteca en activo desde 1965. Continúa estando de moda gracias a que ha sabido mezclar las últimas novedades musicales con el ambiente de siempre. Suele celebrar fiestas temáticas; acoge sesiones de DJ y organiza conciertos en vivo.
☒ Via Tagliamento, 9
📱 www.piperclub.it
🚇 63, 86,

Trinity College

Taberna irlandesa donde se puede tomar una cerveza o uno de sus famosos cócteles, escuchando música en directo o sesiones de DJ. Sirven comida sencilla e informal.
☒ Via del Collegio Romano, 6
📱 www.trinity-rome.com
🚇 62, 64, 85, 117, 492

Roma Fringe Festival

En Monteverde se celebra durante el verano, este festival que es el gran escaparate italiano de teatro independiente y las artes escénicas. Acoge propuestas artísticas nacionales e internacionales que conforman un variado programa de teatro, canto, comedia, drama o danza con una filosofía donde prima la libertad artística y a independencia. Además cuenta con un mercadillo donde se pueden encontrar productos "vintage" y "eco".
📱 romafringefestival.it

Deportes

Circolo del Tennis Foro Italico

Aquí se juega en mayo el famoso torneo de tenis "Internazionali BNL d'Italia".
☒ Viale dei Gladiatori, 31
📱 internazionalibnlditalia.
com
🚊 2
🚇 32, 69, 168, 186, 280

Country Club Golf Castelgandolfo

Este campo de golf de 18 hoyos, situado en la zona dei Castelli Romani, también tiene piscina y su *Club House* se ubica en un palacete del siglo XVII.
☒ Via di Santo Spirito, 13 - Castelgandolfo (RM)
📱 golfclubcastelgandolfo.it

Forum Sport Centre

Gran centro deportivo en las afueras de la ciudad donde se puede jugar al tenis, entrenar en el gimnasio o nadar en sus dos piscinas (cubierta y al aire libre).
☒ Via Cornelia, 493
📱 www.forumroma.it
🚇 906, 981, 985

Piscina delle Rose

Este establecimiento público cuenta con una piscina olímpica, *fitness center* y bar; se encuentra cerca del lago del barrio Europa (EUR).
☒ Viale America, 20
📱 www.piscinadellerose.it
🚇 EUR Palasport

Stadio Olimpico

Los equipos de fútbol del A.S. Roma y el S.S. Lazio juegan sus partidos en este gran estadio. En verano hay competiciones internacionales de atletismo y conciertos de rock.
☒ Piazzale del Foro Italico
📱 www.coni.it
🚊 2
🚇 32, 69, 168, 186

Le Terme di Roma Acque Albule

Gran establecimiento termal dotado de piscinas interiores y exteriores y *fitness center*.

✉ Via Tiburtina Valeria, km 22,700 – Tivoli Terme
🌐 www.termediroma.org

Fiestas y Festivales

Enero

Día de Año Nuevo
Festivo.
El 6 de enero: Epifanía, festivo. Es el día de la Befana, en el que se reparten dulces para los niños.

Febrero

La semana de **Carnaval** es sobre todo para los niños, que van disfrazados por las calles y hay desfiles en algunas plazas; también en bares y discotecas se celebran fiestas de disfraces. Los dos días más importantes son el jueves *giovedì grasso*, y el martes *martedì grasso*, antes del Miércoles de Ceniza.

Marzo/abril

El **9 de marzo**, Fiesta de Santa Fracesca Romana, junto a la homónima iglesia en el Foro, bendición de coches, motos y autobuses de la ciudad. Desde mediados de marzo se adorna la escalinata de la Piazza di Spagna con cientos de azaleas.
Semana Santa: el Viernes Santo el Papa realiza el Via Crucis en el Coliseo y el Domingo de Resurrección la bendición *Urbi et Orbis* en San Pedro
El 21 de abril se celebra la **fundación de Roma**, con actos culturales, música en el Campidoglio y fuegos artificiales.
El 25 de abril, festivo: **Día de la Liberación**, se celebra el día que los aliados liberaron el país de las tropas nazis.

Mayo

El 1 de mayo, festivo: **Día del Trabajo**, suele celebrarse un multitudinario concierto en la plaza de San Giovanni in Laterano. A mediados de mes. **Exposición de Rosas** en el Roseto Comunale del Aventino, junto al Circo Máximo.

Junio/julio

El 2 de junio, festivo: **Fiesta de la República** con desfile militar en la Via dei Fori Imperiali.
El 23 y 24 de junio, por San Juan, se celebran fiestas en el barrio de San Giovanni.

Sol y playa

Para descansar de tanto arte se puede pasar una jornada en alguna de las playas cercanas. Normalmente suelen estar muy concurridas los fines de semana, por lo que si se busca tranquilidad es mejor acercarse en días laborables. La playa más cercana es la de Ostia (se puede llegar con el metro regional Roma-Lido di Ostia), pero su mayor inconveniente es el poco espacio de playa libre disponible. Para acceder a la mayor parte de las playas se debe entrar por alguno de los establecimientos que las gestionan previo pago por la estancia y el alquiler de sombrillas o hamacas. Otras playas cercanas a Roma son Fregene y Santa Marinella al norte, y Anzio al sur.

Villaggio Globale

El antiguo matadero de Testaccio se ha convertido en un centro social multidisciplinar con interesantes iniciativas culturales durante todo el año. Es famoso, sobre todo, por los conciertos de verano en su gran patio interior, a precios populares, donde se montan también varios chiringuitos para picar algo y refrescarse. Durante todo el año se realizan exposiciones, mercadillos, alberga conferencias, concier-tos, cursos, danza y música en vivo.

✉ Lungotevere Testaccio
🌐 www.ecn.org/ villaggioglobale/
🚇 Piramide
🚌 170, 719

29 de junio, festivo: Festividad de **San Pedro y San Pablo**.

De mediados de junio a primeros de septiembre se celebra por toda la ciudad **l'Estate Romana** con multitud de actividades culturales, cine al aire libre, exposiciones, conciertos, danza y representaciones varias, en distintos puntos de la ciudad.

En la segunda mitad de julio se celebra la **Festa di Noantri** en el barrio de Trastevere con espectáculos y mercadillos callejeros.

Agosto

El 5 de agosto se celebra la Festa della Madonna della Neve, en Santa Maria Maggiore, para recordar la famosa nevada de agosto caída en el siglo IV. El 15 de agosto, festivo: **Ferragosto**; una buena parte de las tiendas, bares y restaurantes de la ciudad cierran desde este día por vacaciones hasta septiembre.

Septiembre/octubre

Durante septiembre y octubre se celebran varias fiestas de la uva y del vino en la ciudad y en algunas localidades de los Castelli Romani. A mediados de octubre se celebra la Feria de antigüedades en Via dei Coronari.

Noviembre

El **1 de noviembre**, festivo: **Festividad de Todos los Santos**.

A mediados de noviembre se celebra la Festa del vino Novello con degustaciones en Campo de' Fiori.

Diciembre

El 8 de diciembre, festivo: **Festa dell'Immacolata**; el Papa acude a la columna de la Inmaculada en la Piazza di Spagna para la ofrenda floral.

Citas con la cultura y el deporte

El segundo domingo de abril a Roma llegan corredores de todo el mundo que corren la **maratón** (www.maratonadiroma.it). Entre finales de abril y principios de mayo, los amantes del **tenis** pueden disfrutar del *Master 1000* de Roma. Entre junio y julio se festeja el amor a la literatura con el **Festival Internacional de Literatura de Roma** (www.festivaldelleletterature.it). Desde 2006 entre octubre y noviembre se celebra el **Festival Internacional de Cine de Roma** (www.romacinemafest.it). En diciembre acoge el **Roma Fiction Fest**, dedicado a la televisión (www.romafictionfest.org) y una **feria literaria** dedicada a pequeñas editoriales (www.plpl.it).

Navidades. La Piazza Navona se llena de puestos del mercado navideño hasta el 6 de enero. En muchas plazas e iglesias se exponen belenes; en Santa Maria del Popolo se exponen 100 belenes de todo el mundo.
El 25 de diciembre, festivo:

Navidad. Mensaje del Papa desde San Pedro.
El 26 de diciembre, festivo: **San Esteban**.
El 31 de diciembre: **Capodanno** (Nochevieja), fiestas, conciertos y fuegos artificiales en las plazas de la ciudad, sobre todo en la Piazza del Popolo.

Información Práctica

▍ Direcciones interesantes

En Roma:
Embajada de España en Roma
✉ Palazzo Borghese
Largo Fontanella
di Borghese, 19
☎ 06 684 04 01
✉ emb.roma@maec.es
Consulado General de España en Roma
✉ Via Campo Marzio, 34
☎ 06 687 14 01
✉ cog.roma@maec.es

En Madrid:
Embajada de Italia
✉ Lagasca, 98
☎ 91 42 333 00
✉ ambmadrid.esteri.
it/es/
Cancillería consular de Italia
✉ Agustín de
Bethencourt, 3
☎ 646 437 890
✉ consmadrid.esteri.it
Instituto Italiano de Cultura
✉ Mayor, 86
☎ 91 547 52 05
✉ iicmadrid.esteri.it/
es
Organismo Oficial Italiano para el Turismo en España (ENIT)
✉ Paseo de la
Castellana,114 -
Esc 1,4°-1.
☎ 91 567 06 70
✉ madrid@enit.it y
www.italia.it/es
🕔 No dispone de atención al público.

ANTES DE PARTIR

▍ Documentación necesaria

Los turistas españoles y ciudadanos de la Unión Europea solo necesitan el **DNI** o el **pasaporte** en vigor para entrar en Italia. También es necesario el carné de conducir si se lleva coche o se tiene intención de alquilar uno.

▍ Cuándo ir

Por su clima mediterráneo Roma se puede visitar en cualquier época del año, aunque los mejores meses son abril, mayo, junio, septiembre y octubre. Julio es el mes más caluroso, también agosto, cuando la ciudad se vacía por las vacaciones de los romanos y resulta más fácil moverse gracias a la disminución del tráfico.

En general, el verano es cálido y poco lluvioso, con temperaturas que pueden superar los 35°C. Los inviernos son bastante lluviosos, pero no demasiado fríos, con temperaturas que pocas veces se sitúan bajo cero. La primavera y el otoño se caracteriza por temperaturas medias y son las estaciones más lluviosas. Es siempre recomendable llevar un paraguas, pues en Roma un chaparrón puede sorprender en cualquier época del año.

La atmósfera de la ciudad es bastante limpia por la presencia de vientos de moderada intensidad; en verano se puede disfrutar con frecuencia de una brisa llamada *ponentino,* que refresca el ambiente.

DURANTE SU ESTANCIA

▍ Llegada

Hay vuelos directos desde varias ciudades españolas ofrecidos por compañías como Iberia, Ryanair, Vueling o ITA Airways -que adquirió Alitalia en 2021. Roma tiene dos aeropuertos:

Leonardo da Vinci, también llamado **Fiumicino** (www.adr.it/fiumicino)**,** donde llegan los vuelos regulares. Se encuentra a unos 32 km del centro (en tren: 30 o 45 minutos; autobús: 50 minutos; coche: 40 minutos).

Ciampino, al que llegan los vuelos chárter y algunas compañías *low cost* (www.adr.it/ciampino). Está a unos 15 km del centro (en tren: 20 minutos después del bus; autobús: 15 minutos (al tren) o 45 minutos a la ciudad; coche: 30 minutos).

Moneda

Italia pertenece a la Unión Europea y está incluida en la llamada "zona euro" desde enero de 2002, por lo que la moneda en curso para todas las transacciones es el euro.

Hora oficial

Como España, Italia lleva una hora de adelanto respecto al meridiano de Greenwich (HMG+1); entre finales de marzo y finales de octubre tiene horario de verano (HMG+2).

Horarios

Los horarios indicados son los más frecuentes, pero pueden existir muchas variaciones:

Las **tiendas** suelen abrir de 9 h a 13 h y desde las 15.30 h a las 19.30 h; muchas tiendas no abren los lunes por la mañana. Los **grandes almacenes** y **supermercados** no cierran al mediodía, abren de 10 h a 21/22 h.

Las oficinas de 9 h a 13 h y de 14 h a 18 h; y los bancos de 8.30 h a 13.30 h y de 15 h a 16 h, pero puede variar dependiendo de la sucursal, aunque ninguno abre los fines de semana. La mayoría de los **museos** no abren los lunes y tienen horarios variables, aunque lo más habitual es que permanezcan abiertos de 9 h a 19 h; muchas áreas arqueológicas establecen el cierre con la puesta de sol, por lo que varía a lo largo del año. Las **iglesias** permanecen abiertas de 8 h a 12 h y de 16 h a 18 h.

Transporte público

Vuelos nacionales: ITA Airways vuela a casi todos los puntos del país. La duración del vuelo a Roma desde Milán es de 65 minutos, desde Florencia 60 minutos y desde Nápoles 55 minutos. Las salidas se llaman *partenze nazionali*, las llegadas *arrivi nazionali*.

Trenes: La red nacional de ferrocarriles (**Ferrovie dello Stato** o **FS**) cubre gran parte del territorio nacional. La mayoría de los trenes de largo recorrido pasan por la Stazione Termini y los trenes de alta velocidad lo hacen por la Stazione Tiburtina. Para información y horarios: www.trenitalia.com; telf. 89 20 21.

Autocares de largo recorrido: No existe una única compañía de autobuses nacional. La compañía **COTRAL** (www.cotralspa.it; telf. 800 174 471) es la más importante de las que operan en Lazio. Los autobuses salen desde distintos puntos de la ciudad dependiendo del destino.

Oficinas de turismo

Azienda di Promozione Turistica di Roma (Roma Capitale)
☎ 060608
🌐 www.turismoroma. it; www.instagram.com/ turismoromaweb

Puntos de Información Turística (PIT)
PIT Aeropuerto Leonardo da Vinci (Fiumicino) Llegadas internacionales-terminal 3
🕐 8.30-18 h
PIT Aeropuerto G.B. Pastine (Ciampino) Llegadas internacionales
🕐 8.30-18 h
PIT Termini
✉ Via Giovanni Giolitti, 34 (en la Galería Gommata)
🕐 10-18 h
PIT Fori Imperiali
✉ Via dei Fori Imperiali
🕐 9.30-19 h
PIT Minghetti
✉ Via Minghetti
🕐 9.30-19 h
PIT Castel Sant'Angelo
✉ Piazza Pia
🕐 9.30-19 h (mar-oct) 8.30-18 (oct-mar)
PIT San Pietro
✉ Largo del Colonnato, 1
🕐 9-18 h
🌐 www.turismoroma.it/ es/node/18692

Correos

La oficina principal está en Piazza San Silvestro, 19, lun-vie: 8.20 h-19.05 h. Sab hasta 12.35 h. Telf. 06 697 372 05. Cierra el domingo; poste.it La Ciudad del Vaticano tiene su propio servicio postal, hay una oficina en la Piazza San Pietro, lun-sáb 8.30 h-18.30 h.

Taxis desde el aeropuerto

Existe una tarifa plana, independientemente del número de viajeros y maletas por automóvil, para viajar desde los aeropuertos de Ciampino (31 €) y Fiumicino (50 €) hasta el centro de Roma (dentro de los límites de las murallas aurelianas). Estos límites engloban la mayoría de los destinos céntricos y turísticos de la ciudad.

Agua potable

El agua de Roma es buena y se puede beber de cualquier fuente pública de la calle a menos que esté indicado lo contrario *(acqua non potabile)*. Sin embargo, entre los romanos está muy extendida la costumbre de tomar agua mineral.

Transporte urbano: Los autobuses y tranvías son una buena forma de moverse por la ciudad; las líneas pueden parecer un poco confusas, pero tienen bien cubierta toda la ciudad. Las paradas *(fermata)* son amarillas. El billete se debe comprar antes de subir, aunque algunos pocos autobuses y tranvías tiene una máquina dispensadora de billetes; se accede por las puertas delantera y trasera *(salita)* y se sale por la puerta central *(uscita)*.

Las estaciones de metro se señalan con una "M" blanca sobre fondo rojo. Solo hay tres líneas de metro: **Linea A** Battistini-Anagnina y la **Linea B** Laurentina-Rebibbia / Jonio y la **Linea C** Monte Compatri-Pantano-Lodi; los billetes son los mismos que para los autobuses y se pueden comprar también en las máquinas de la estaciones o en la taquilla de las estaciones más importantes. Información: atac.roma.it

Taxis

Los taxis se cogen en la paradas o llamando por teléfono (número único: 06 66 45; 6645.it). Se paga por la bajada de bandera y la tarifa por kilómetro; la densidad del tráfico hace que este servicio resulte caro. Hay suplementos festivos, nocturnos, para los aeropuertos y por equipaje.

Alquiler de coches

Se pueden alquilar *(autonoleggio)* en los aeropuertos, las grandes estaciones ferroviarias y establecimientos en la ciudad. Algunas firmas locales tienen mejores precios pero hay que contratar directamente allí. La grandes compañías suelen tener acuerdos con las líneas aéreas para establecer descuentos al comprar el billete de avión.

Fiestas Nacionales

1 Enero: Día de Año Nuevo
6 Enero: Epifanía
Marzo/Abril: Lunes de Resurrección
25 Abril: Día de la Liberación, 1945
1 Mayo: Día del Trabajador
2 Junio: Día de la República
15 Agosto: Asunción de la Virgen (Ferragosto)
1 Noviembre: Día de Todos los Santos
8 Diciembre: Inmaculata Concepción
25 Diciembre: Día de Navidad
26 Diciembre: Día de San Esteban

El **29 de Junio** se celebra el día de San Pedro y San Pablo, fiesta patronal de la ciudad.

Conducir en Roma

En Roma no es fácil conducir por la densidad del tráfico y el poco respeto a las normas de circulación. Las motocicletas y los coches son los medios más utilizados por los romanos. El centro histórico es **zona de tráfco limitado (ZTL),** por lo que no se puede circular a determinadas horas.

El límite de velocidad en las autopistas *(autostrade)* es de 130 km/h; en las carreteras nacionales (S.S.) es de 110 km/h; en las carreteras secundarias 90 km/h y en la ciudad es de 50 km/h. Es obligatorio el cinturón de seguridad, también en los asientos posteriores. Se debe circular con las luces encendidas en las autopistas y carreteras principales también durante el día. Los distintos tipos de **gasolina** se llaman *benzina* (gasolina), *benzina senza piombo* (gasolina sin plomo) y *gasolio* (diesel).

Teléfono

Para llamar a España desde Italia se marca el prefijo internacional español 0034 seguido del número de teléfono del abonado. Y para establecer comunicación desde España a Italia se marca el prefijo internacional italiano 0039 y el número del abonado. Esto es válido tanto para la telefonía fija como móvil. Para realizar llamadas desde Italia, se debe marcar el número sin el prefijo internacional.

Sanidad

Los ciudadanos comunitarios recibirán tratamiento en las mismas condiciones que los italianos si presentan la **Tarjeta Sanitaria Europea (TSE)** que se puede solicitar online o en cualquiera de las oficinas de la Seguridad Social en España. www.seg-social.es. Se manda a domicilio en un plazo de no más de 5 días desde la tramitación. La sanidad pública italiana no es completamente gratuita (sí lo es para medina básica, hospitalizaciones y emergencias).

Medicinas

Las farmacias *(farmacia)* son reconocibles por la cruz verde del exterior. Si se necesita algún medicamento específico, lo mejor es llevarlo desde España.

Descuentos

Los europeos menores de 18 años entran gratis en los museos estatales. Los ciudadanos europeos mayores de 65 años tienen acceso gratuito a los museos estatales y descuentos en los demás museos. También tienen descuentos en cultura, ocio y transporte los poseedores del carnet joven, estudiantes, profesores o desempleados.

Precauciones

Roma es una ciudad bastante segura, el principal problema son los tirones de bolsos y el robo de carteras o robos en los coches. En caso de tener un percance se debe acudir a la policía **(polizia),** los agentes van vestidos de azul; o a los **carabinieri,** que visten de negro.

Números de emergencias

Policía Estatal: **113**
Carabinieri: **112**
Bomberos: **115**
Urgencias
(ambulancias): **118**
Asistencia en carretera
(ACI): **116**

Roma Pass

Adquiriendo esta tarjeta es posible la entrada gratuita en dos museos o monumentos, el descuento en los sucesivos y acceso libre al transporte público por 48 o 72 horas. Además permite evitar largas colas en algunos de los principales monumentos de la ciudad (www.romapass.it).

Omnia Card

Permite acceder a las principales atracciones de interés religioso y cultural sin esperar colas. Esta tarjeta cuenta con las modalidades 24 o 72 horas para adultos o niños (https://www.omniavaticanrome.org/es).

▌Idioma

El idioma que se habla en Roma es el italiano, pero los romanos hablan también su propia lengua, un dialecto llamado romanesco del que se sienten orgullosos. Algunos italianos hablan español, pero nunca está de más aprender algunas frases para intentar comunicarse en italiano, cosa que le agradecerán, aunque en la mayoría de los centros turísticos se habla "algo" inglés. En cuanto a la pronunciación, estas son algunas de las diferencias con el castellano: c+e= ch suave; ch+e, i = k; g+i, e=y. Las palabras que no llevan tilde se acentúan en la penúltima o antepenúltima sílaba.

Para completar este pequeño vocabulario puede resultar de gran ayuda el libro de frases para viajeros de ANAYA Touring *Italiano para viajar*.

Español	Italiano	Español	Italiano
Fórmulas de cortesía			
Adiós	Arrivederci / Ciao	Buenos días	Buon giorno
Buenas tardes	Buona sera	Buenas noches	Buona notte
Gracias	Grazie	Hola	Salve
¿Qué tal?	Come va?	Por favor	Per favore
Señor	Signor	Señora	Signora
Señorita	Signorina	Perdón	Mi dispiace
Expresiones básicas			
Perdone	Scusi	¿Habla español?	Parla spagnolo?
Hablo sólo un poco	Parlo solo un poco	No hablo italiano	Non parlo italiano
No entiendo	Non ho capito	No lo sé	Non lo so
Sí / No	Sí / No	¿Qué hora es?	Che ore sono?
Más despacio	Più lentamente	Otra vez	Ancora una volta
Tengo una pregunta	Ho una domanda	¿Quién?	Chi?
¿Qué?	Che?	¿Cuándo?	Quando?
¿Dónde?	Dove?	¿Por qué?	Perchè?
Lugares			
Avenida	Corso, il	Calle	strada, la / via, la
Carretera	strada, la	Castillo	Castello, il
Catedral	Duomo, il / cattedrale,	Ciudad	Città, la
Farmacia	Farmacia, la	Fuente	Fontana, la
Iglesia	Chiesa, la	Museo	Museo, il
Plaza	Piazza, la	Puente	Ponte, il
Comer / beber			
Agua	Acqua	Beber	Bere
Bebida	Bevanda	Bueno	Bueno
Caliente	Caldo	Carne	Carne, la
Carta	Carta, la	Cena	Cena, la
Cerveza	Birra, la	Comer	Mangiare
Comida	Pranzo, il	Café	Caffè, il
Cuenta	Conto, il	Desayuno	Colazione, la
Entrante	Antipasto, l´	Frío	Freddo, il
Grande	Grande	Mesa	Tavolo
Pan	Pane	Pequeño	Piccolo
Pescado	Pesce	Plato principal	Primo piatto
Postre	Desser	Restaurante	Ristorante, il
Reservar	Prenotare	Segundo plato	Secondo piatto
Sin gluten	Senza glutine	Vegano	Vegano/s
Vegetariano/i	Vegetariano/s	Vino	Vino

Índice de lugares

Plano
de
Roma

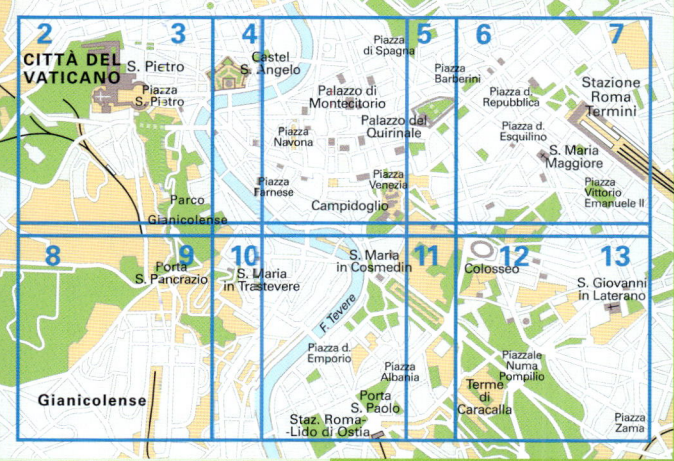

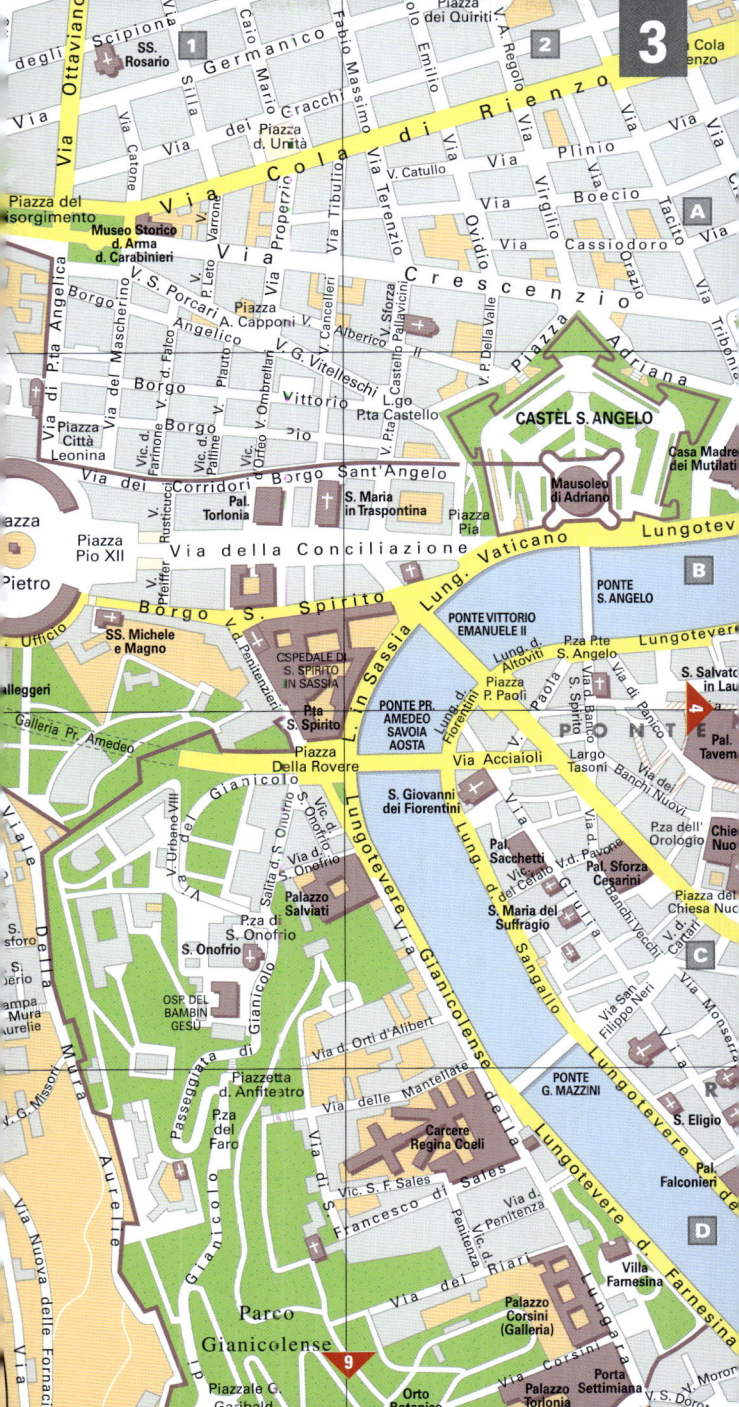

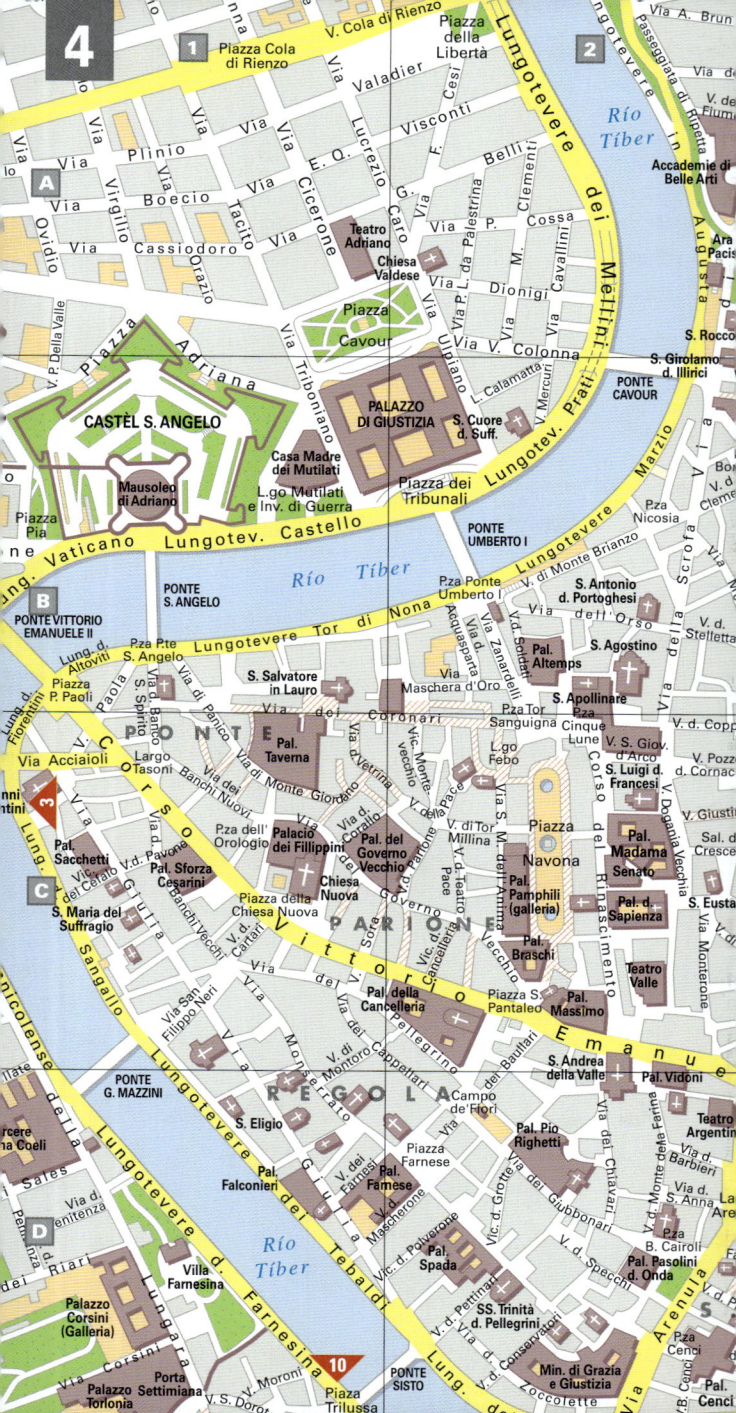

6

PORTA PINCIANA

Galoppatoio

Via di Porta Pinciana

Via Campania

Via Sardegna

Via Sicilia

Via Toscana

Via Abruzzi

Via Romagna

Via Sicilia

Via Puglie

S. Patrizio

1

2

Teatro
delle Arti

CRI

Boncompagni

SALLUSTIAN

A

Via Lazio

Via Aurora

Via Lombardia

Via Emilia

Via Liguria

Via Cadore

L u d o v i s i

LUDOVISI

Casino
Aurora

S. Isidoro

Pal.
Boncompagni

Via Friuli

Via Lucullo

Via Sallustiana

Via Sallustiana

Via Piemonte

Via Aureliana

Via G. Carducci

Via Pagano

Min. D.
Lavoro

V i t t o r i o

Ministero Industria
Commercio e Artegianato

S. Maria d.
Concezione

Via d. Artisti

V. d. Purificazione

V. della

Via Cappuccini

Salita di S. Nicola da Tolentino

Via S. Nicola da Tolentino

V. d. S. Basilio

V. Umbria

V. L. Bissolati

V. G. Carducci

Via Salandra

Ministero
dell'Agricoltura
e delle Foreste

Largo
S. Susanna

S. Susanna

X

X

V. E. Orlando

Via Parigi

E.P.T.

B

goriana

e Case

Macelli

V. d. Maroniti

Traforo

TREVI

BARBERINI

V. d. Avignonesi

V. d. Zucchelli

Via Sistina

Via Rasella

Via dei Giardini

Piazza
Barberini

PAL. BARBERINI
(Galleria Naz.
d'Arte Antica)

S. Bernardo

Piazza
S. Bernardo

M

REPUBBLICA

S. Bernardo

**S. M
DEGLI**

M Piazza
Reppub

5

V. d. Scuderie

Traforo
Umberto I

Giardino
del Quirinale

Q u i r i n a l e

Via delle Quattro

San
Carlino

Via delle Quattro Fontane

Bibl.
Britannica

Ministero
della Difesa
Esercito

Via Modena

Via Firenze

N a z i o n a l e

Via Napoli

**PALAZZO
DEL QUIRINALE**

V. d. Dataria

Via del Quirinale

S. Andrea

V. Ferrara

Via Piacenza

Questura

San
Vitale

V. Vitale

V. S. Vitale

Via Venezia

Teatro
Dell'Opera

C

S. Croce

Pont.
Università
Gregoriana

Villa
Colonna

P.za del
Quirinale

Pal. d.
Consulta

Pal.
Rospigliosi-
Pallavicini

Teatro
Eliseo

Via della Consulta

Via Parma

Pal. delle
Esposizioni

San
Vitale

Genova

P.za del
Viminale

Ist. Naz.
di Statistica

Depretis

S. Pudenziana

Via XXIV Maggio

Via IV Novembre

V. di Pilotta

INAIL

Pal.
Antonelli

Banca
d'Italia

S. Agata
d. Goti

Via Mazzarino

P a l e r m o

Pal. del
Vinimale
(Ministero
dell'Interno)

S. Lorenzo
in Panisperna

V. S. Maria Ma

Cesare

Urban

D

Largo
Magnanapoli

T.re d. Milizie

Foro
Traiano

Villa
Aldobrandini

Santi
Domenico
e Sisto

S. Agata d. Goti

Via Cimarra

V. Clementina

Ciancaleoni

V. dei Zingari

V. Capocci

Via Sforza

Via Quattro

Via Giolitti

V i a

Foro di
Cesare

Foro di
Augusto

Largo
Romolo
e Remo

T.re de'
Conti

Via Baccina

Via Madonna dei Monti

V. Frangipane

C a v o u r

Piazza
S. Pietro
in Vincoli

S. Pietro
in Vincoli

Facoltà di
Ingegneria

Via in Selci

Parco
di Traiano

Via dei Fori Imperiali

Via Tulliano

V. Curia Salara Vecchia

Curia

SS.
Cosma e
Damiano

V. del
Colosseo

V. d. Carine

12

V. della
Polveriera

CAVOUR

M Largo Via
Venosta

V. Leonina

Esquilino

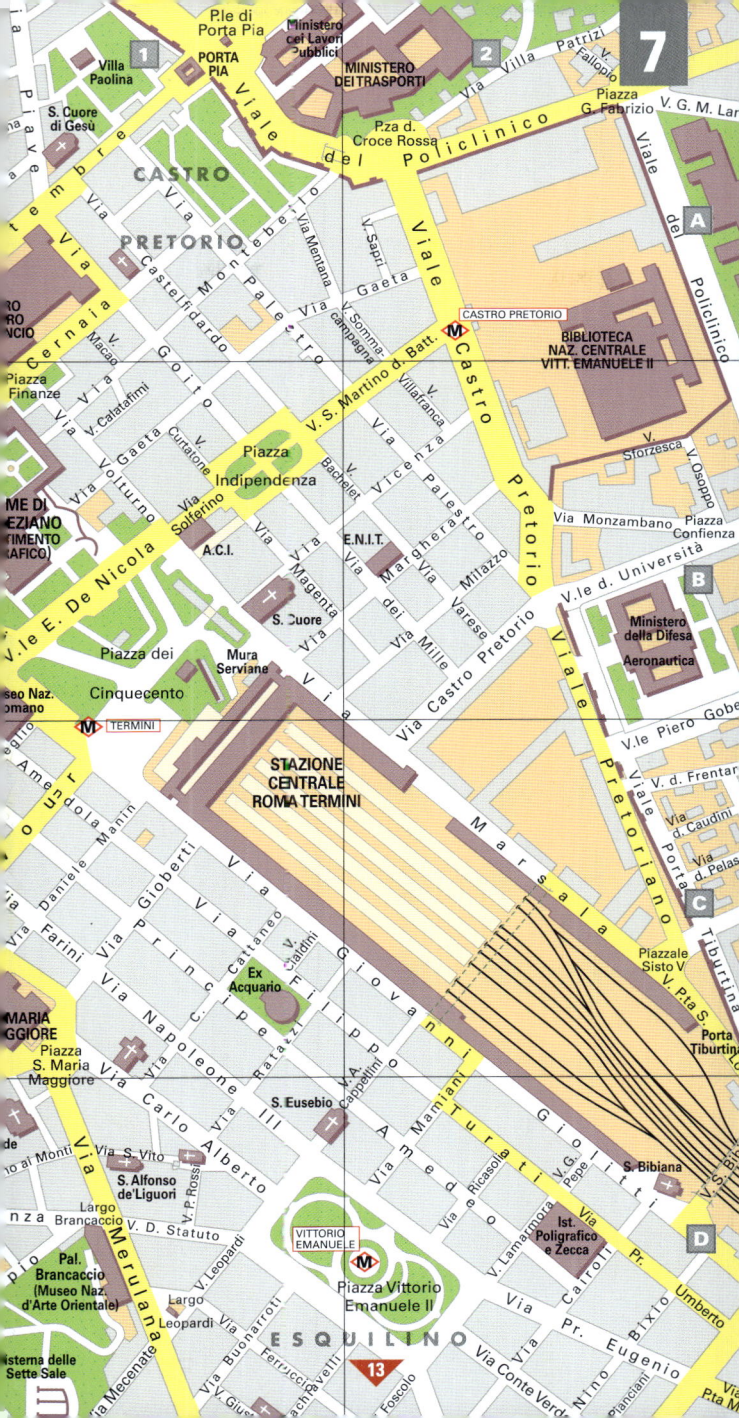

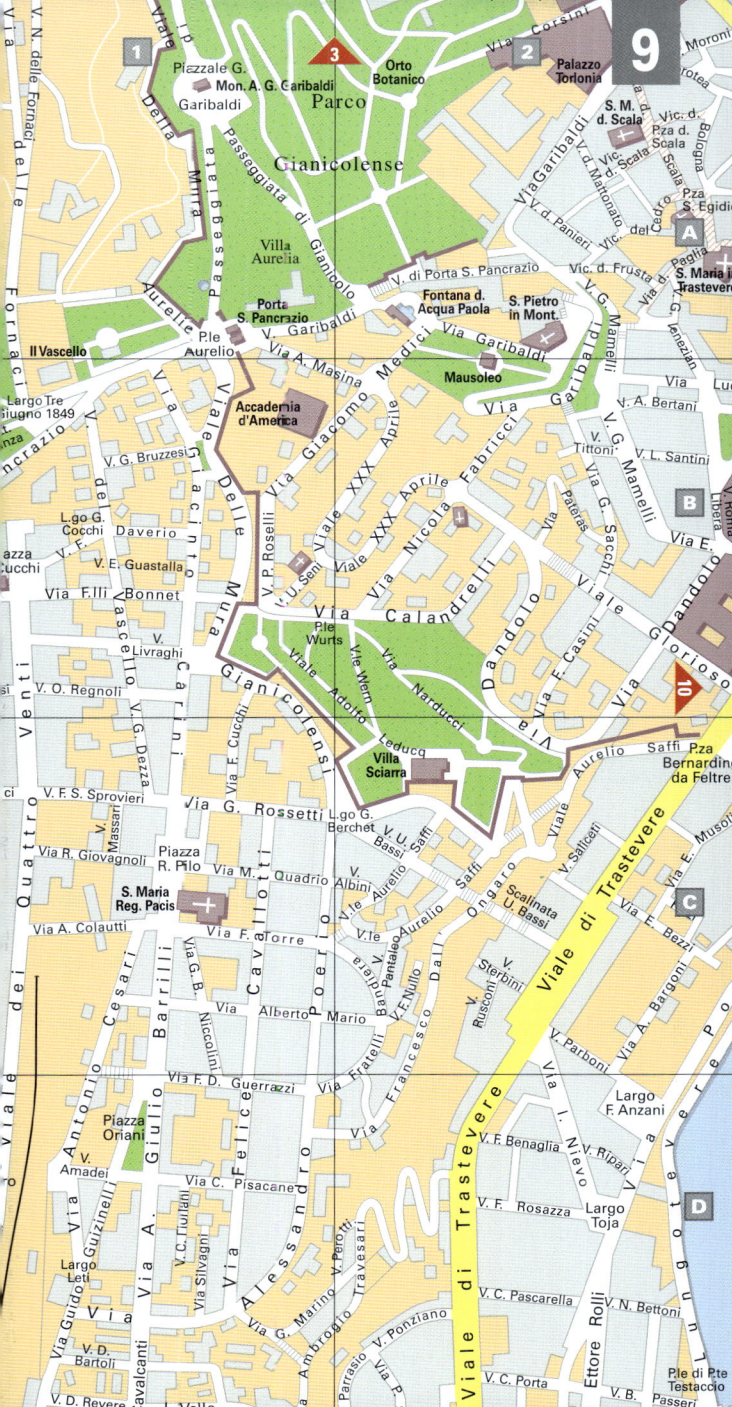

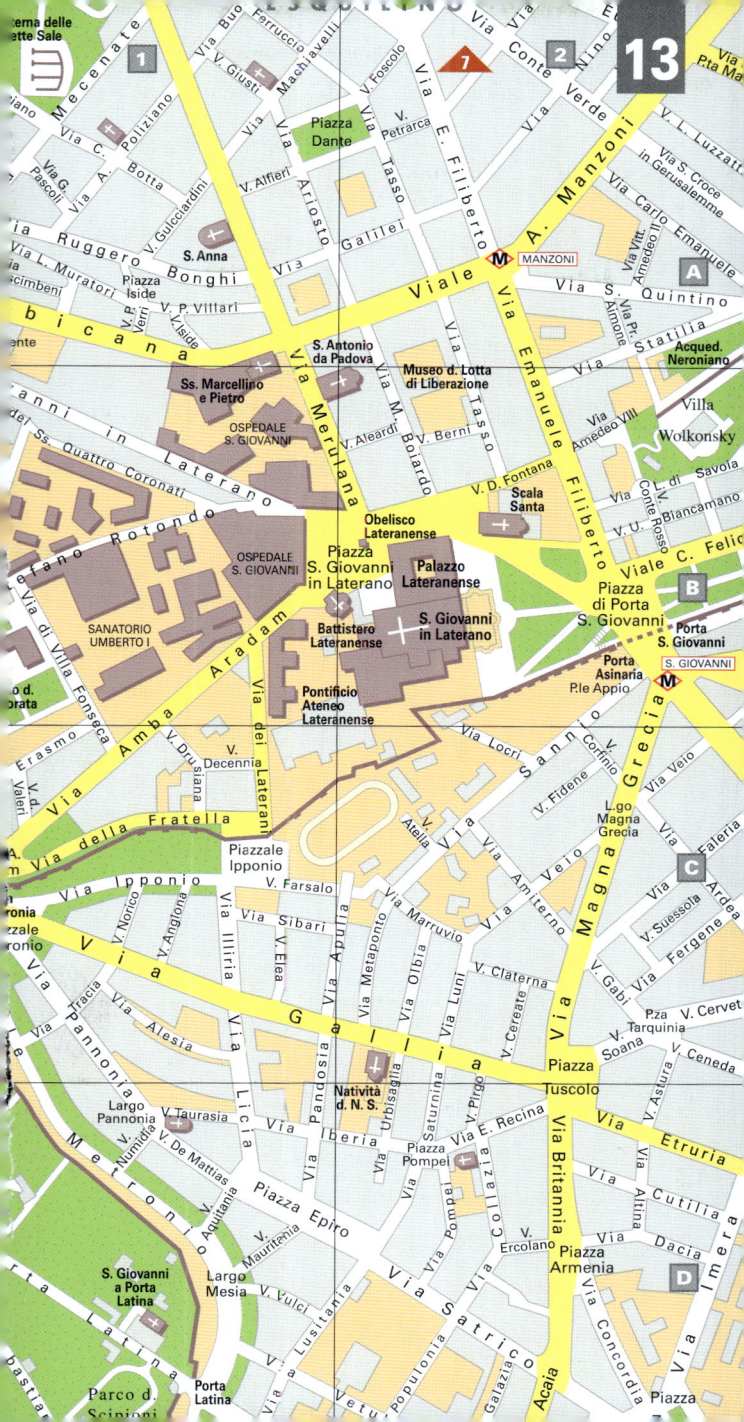

SIGNOS CONVENCIONALES

Grandes arterias

Edificios importantes

Otros edificios

Parques y jardines

Cementerio cristiano

Ferrocarril

CIRCO MASSIMO Acceso al metro
y nombre de la estación

i Información

Zona peatonal